책의 힘으로 일어나다

사람의 힘으로 일어나다

꿈의 힘으로 일어나다

믿음의 힘으로 일어나다

일어나다

초판 1쇄 발행 2015년 10월 10일

지 은 이	박성배
발 행 인	권선복
편 집	김정웅
디 자 인	이세영
마 케 팅	정희철
전 자 책	신미경
발 행 처	도서출판 행복한에너지
출판등록	제315-2013-000001호
주 소	(157-010) 서울특별시 강서구 화곡로 232
전 화	0505-613-6133
팩 스	0303-0799-1560
홈페이지	www.happybook.or.kr
이 메 일	ksbdata@daum.net

값 15,000원

ISBN 979-11-86673-18-8   03190

Copyright ⓒ 박성배, 2015

도서출판 행복한에너지는 독자 여러분의 아이디어와 원고 투고를 기다립니다. 책으로 만들기를 원하는 콘텐츠가 있으신 분은 이메일이나 홈페이지를 통해 간단한 기획서와 기획의도, 연락처 등을 보내주십시오. 행복한에너지의 문은 언제나 활짝 열려 있습니다.

꿈을 찾는 영혼들에게 전하는 희망의 메시지

일어
나다

박성배 지음

행복한에너지

일어나라 그대여

일어나라
그대에게 주어진 시간에서
머물지 말라
때로 소낙비 내리고
뜨거운 태양이 비치리니
그 안에서 꿈이 잉태된다

가시밭길 걸어갔던
옛 사람들 발자취 따라
오늘도 소금 땀 흘리며 나아가라
골짜기와 모퉁이를 돌아
멈추지 말고 올라가라

그대의 땀방울은
향기가 되나니

그대의 발자취 따라

다른 이들이 따라오도록

일어나라 그대여

시인 이우정

성경은 언제나 우리들에게 "일어나라!"고 명령하십니다. 잠든 자들을 향하여 (욘 1:6), 병든 자들을 향하여(막 10:49), 심지어 죽은 자들을 향하여(눅 7:14, 8:54) 일어나라고 하십니다. 사랑하는 자들에도(요14:31), 두려워하는 자(마 17:7), 머뭇 거리는 자들에게도(마 26:46) 그렇게 하라고 말씀하십니다. 그러나 박성배 박사 가 일어난 자리는 이들과 달랐습니다. 그가 빠진 자리는 늪과 같았습니다. 일어나 려고 몸부림을 칠수록 더욱 깊은 수렁으로 빠져드는 기가 막힌 웅덩이였습니다. 그러나 일어서게 된 그의 간증은 영락없이 다윗의 기도와 같습니다.

"내가 여호와를 기다리고 기다렸더니 귀를 기울이사 나의 부르짖음을 들으셨 도다. 나를 기가 막힐 웅덩이와 수렁에서 끌어 올리시고 내 발을 반석 위에 두사 내 걸음을 견고하게 하셨도다. 새 노래 곧 우리 하나님께 올릴 찬송을 내 입에 두 셨으니 많은 사람이 보고 두려워 하여 여호와를 의지하리로다."(시 10:1-3)

박성배 박사가 이야기 하는 일어서게 된 근거는 물론 하나님의 은혜이지만 구 체적인 근거로 책을 이야기합니다. 그리고 이웃(사람)을 이야기하며, 꿈(비전)과 믿음이었음을 고백합니다.

제가 박성배 박사를 처음 만난 것은 강의실입니다. 그리고 어려운 중에서도 학위논문을 위하여 수고하는 모습이나 그 이후에도 겸손하게 주어진 모든 환경 을 경험의 장으로 삼으며 이 모든 것을 극복하는 과정을 직접 지켜보았습니다. 그래서 저는 이 책의 내용을 누구보다 잘 압니다. 왜냐하면 이 책은 손으로 쓴 글 로 이루어진 것이 아니기 때문이며, 그의 삶과 철학 그리고 도무지 일어설 수 없 는 자리에서 일어서게 된 과정을 기록한 그의 육필이기 때문입니다.

조그만 일에도 상처를 받았노라고 주저앉고 마는 현대인들을 바라보면서 이 시대에 사는 사람들이라면 반드시 이 책을 읽을 것을 권합니다. 더구나 그리스도 안에서 새로운 삶을 살기를 원하는 많은 새 신자들과 믿음의 성도들에게, 그리고 엄청난 고난을 딛고 일어서기를 원하는 교회지도자들에게도 꼭 이 책을 권하며 추천합니다. 우리 모두는 모든 난관을 극복하며 일어서야만 하는 시대에 살고 있기 때문입니다. ＿ 손윤탁 **남대문교회 담임목사, 장신대 겸임교수**

"인생은 누구나 고난을 통해 연단되고 성숙된다. 그런 의미에서 고난의 문제는 우리 모두의 관심사이다. 본서는 한 분의 인생이 심각한 고난 가운데서도 어떻게 새롭게 일어날 수 있는지 매우 실감있게 보여준다. 여러 가지 이유로 삶을 포기하는 분들이 점점 늘어나는 이 시대에 이 책은 우리 모두에게 소중한 희망과 용기를 선사한다. 가물어 메마른 땅에 내리는 단비처럼 지치고 상한 마음으로 자포자기하려는 분들과 꿈을 잃고 방황하는 청년들에게 이 책을 진심으로 추천하는 바이다." ＿ 최용준 **한동대 교수**

고난을 이기고 정상을 체험한 사람들의 이야기는 늘 모두에게 감동을 준다. 지금 골짜기에 빠져있는 인생들에게도 탈출의 빛을 비추어 주기 때문이다. 크게 성공했어도 탄탄대로를 걸었거나 승승장구한 사람들의 이야기는 모두에게 질시와 부러움을 살 수는 있겠으나 감동을 주기는 어렵다. 골짜기 인생들과는 무관하기 때문이다.

이 책에는 역경의 골짜기를 탈출하고 성공의 정상에 오른 사람들의 메아리가 가득하다. 그 메아리를 듣다 보면 골짜기에 빠져있는 우리의 다리에도 새 힘이 생기고 저기 어디에서 새 길이 열리는 듯하다. 저자는 영성과 지성을 넘어 이제 단단한 역경지수까지 갖춘 채, 아직 골짜기에 있는 인생들에게 이 책을 건네며, 골짜기를 벗어나자고 격려하고 정상에 오르자고 응원한다.

＿ 김종춘 **일만 CEO 연합 대표, 『소심불패』 저자**

살아오면서 겪었던 나의 고통이 누군가에게 위로와 희망이 될 때 그것은 오히려 감사이자 행복이라고 할 수 있습니다. 이 책 『일어나다』를 읽으면서 독자 여러분은 "기차가 어두운 터널 속을 달릴 때 반드시 푸른 들판으로 달려 나온다는 믿음과 희망"을 발견하게 될 것이다.

이 책의 저자 박성배작가는 본인이 직접 체험한 역경 극복의 이야기를 책, 사람, 꿈,믿음의 이야기로 전해주고 있기 때문에, 더 감동을 주며 꼭 한번 읽어 봐야 할 책이라고 여겨진다.

저자가 에필로그에서 말한 대로, 이 책 『일어나다』가 여러분에게 꿈을 이루어 주는, 날마다 펴보며 사람을 만나고, 사람에게 배우며, 사람에게 희망을 발견하고, 결국에는 여러분이 희망의 사람이 되는 그러한 꿈의 내 인생의 보물지도My Dreaming Building가 되기를 바랍니다.

_ 전혜림 **라임에셋대표,** 『**내 생애 최고의 1년**』 **저자**

"백문이불여일견"이라고 한다. '백 번 듣는 것보다, 한 번 보는 것이 낫다'는 뜻이다. 그런데, 정말 '눈으로 보는 것'은 다 믿을 수 있는가? 아니, 믿어도 되는가? 눈은 속인다. 아니, 눈을 사용하는 우리가 속는다. '착시'라고 한다. 눈에 보이는 것과 실제가 다르다는 뜻이다.

좌절, 낙심, 걱정, 두려움... 공통점이 있다. 바로 눈앞에 보이는 '현실'이 만들어 낸 것들이다. 지금 자신 앞에 벌어진 상황이 정말로 '진실'인 것으로 '착각'한 결과다. '신기루' 같은 허황된 것에 가려서 진실을 보지 못하기 때문이다.

눈앞을 가리는 가짜 현실, '신기루' 때문에 좌절하고 절망하는 우리에게 '현실'을 넘어 '진실'을 보게 하는 것은 무엇일까? 바로 '희망'이다. '긍정'이다. 또 '믿음'이다. 모든 상황을 주관하시는 전능자를 향한 확신이다. 거친 해외 선교 현장에서, 또 척박한 개척교회 현실 속에서, 매일 주저앉으라고 위협하는 거대한 허상을 뚫고 일어선 박성배 목사! 그의 투쟁이 담긴 『일어나다』는 진리를 가리고 진실을 왜곡하는 현대를 살아가는 모든 사람들에게 '희망'과 '믿음'으로 전능자를 보게 하는 지혜와 용기와 힘을 듬뿍 선물로 줄 것이다. _ 강인구 **울산 전하교회 담임목사**

박성배 저자의 『일어나다』는 좋은 글만을 의미하지는 않는다. 이 책은 좋은 글을 넘어 인생 광야의 저 밑바닥 수업을 치열하게 체험하면서 그를 일으킨 네 가지 요소인 '책, 사람, 꿈, 믿음'을 실감나게 그려낸 좋은 그림책이다. 저자는 아무 것도 볼 수 없고 아무것도 할 수 없는 처절한 광야, 그래서 엎드려야만 살 수 있는 곳에서 꿈과 믿음을 품고 도서관에 있는 모든 책을 가슴으로 읽어냈다. 그는 소망을 품고 한 사람 한 사람을 만나며 다시 일어났다. 저자가 멋지게 일어난 이 책은 엎드릴 수밖에 없는 사람들에게 네비게이션이 될 수 있는 책이다. 이 책을 누군가 광야에서 읽는다면 그는 분명 소망으로 일어섬을 경험할 것이고, 또 광야를 거쳐 일어난 분이 읽는다면 깊은 감동과 공감의 눈물을 흘리게 될 것이다.

_ 박정제 라마나웃 선교회 대표

본인은 누구보다도 저자를 가까이서 사귀었고 그를 잘 알고 있다. 그의 지난 7년 여간의 고난의 이야기를 누구보다 가까이서 들었다. 저자는 이러한 인생역경의 이야기를 "광야수업"이라고 명명하고 있다. 이것은 죽음의 문턱까지 내려갔던 저자의 말할 수 없는 고난을 승화시킨 저자의 응축된 긍정적 언어의 비유어라 할 수 있다. 하나님께서 친히 광야에서 이스라엘을 연단하셨듯이 저자 역시 하나님으로부터 직접 고난도의 학습을 받았음을 저자는 인지하고 있는 것이다. 돌아보면 모든 것이 은혜이기에 저자는 본서에서 역시 고난 받고 상처받아 도저히 일어설 수 없는 사람들을 위해 자신있게 이 은혜의 엑기스를 내놓는다. 한마디로 본서는 "광야수업 교과서"라고 말할 수 있다. 저자는 하나님으로부터 새로운 비전을 받고 일어선 용기의 사람이다.

『일어나라』는 본서를 통해 죽은 소녀를 향해 죽은 것이 아니라 자고 있는 것이라고 말하면서 "달리다굼"_"번역하면 소녀야 내가 네게 말하노니 일어나라", 하시는 예수님의 생명의 소리를 독자들이 듣기를 간절히 바란다. 지금은 상실의 시대요 불안과 두려움의 시대이다. 미래가 보이지 않아 다들 지쳐 주저앉아 있다. 이러한 시대에 독자들이 이 책을 집어 들고 몸과 마음이 번쩍 정신이 들어 새로운 길을 발견하기를 바란다. 마중물이 없으면 물을 퍼 올릴 수 없다. 사막에 조그마한 마중물만 있으면 펌프에 그 물을 넣어 지하에 샘솟듯 흐르는 물을 길어 올려 죽어가는 영혼의 목마름의 해갈에 일조할 수 있다. 본서가 그러한 마중물의 역할을 감당하기를 기대하고 확신하며 본서를 기쁘게 추천한다.

_ 장승익 함께하는 교회 예수마을 담임목사, 예수 희년과 하나님 나라 연구소 소장

『일어나다』는 저자가 인생의 광야길을 지나면서 몸으로 체험한 보석들을 모아 놓은 광야의 보석상자 같은 책입니다. 저자를 인생의 바닥에서 다시 일으켜세운, 책, 사람, 꿈, 믿음의 이야기가 분명히 여러분도 일으켜 세울 것입니다. 이 시대에 지치고 힘든 사람들을 일으켜 세우는데 이 책『일어나다』와 저자가 귀하게 쓰임 받기를 바랍니다. 저자의 소망대로 인천공항에 선교사를 돕는 한우리미션센타가 세워지길 바랍니다. 절망의 시대에 희망을 주는 『일어나다』를 적극 추천합니다.

_ 유해석 FIM 대표, 『높여주심』 저자

"일어나라 빛을 발하라"는 이사야 60:1 말씀처럼, 하나님께서 박성배작가님에게 빛을 발하라고 하십니다. 지금까지 작가님께서 체험하신 고난과 연단의 시간이 끝나고 이제 하나님께서 작가님을 열방과 세계민족 가운데 하나님의 빛을 전하는 사자로 사용하실 것을 기대합니다. 이제 작가님께 하나님께서 주신 한우리미션센타 건립의 꿈을 이루어 주실 것을 바라보며, 일어나서 온전히 빛을 발하시기를 주님의 이름으로 기도드립니다. _ 황혜정 한우리미션홈 사용자, 인도선교사

"사람이 마음으로 자기의 길을 계획할지라도 그의 걸음을 인도하시는 이는 여호와시니라." 잠언 16장 9절 말씀입니다. 참으로 인생의 길은 자기의 뜻과 같이 되어지는 것이 아닌가 봅니다. 저자는 자신이 계획한 것과는 전혀 다른 길에서

크나큰 인생의 고난을 당합니다.

7년여 동안의 광야 생활을 하면서 사람이 겪을 수 있는 모든 고난을 겪었습니다. 저자는 이와 같은 고난을 책과 사람, 그리고 꿈과 믿음을 통해서 다시 일어서게 되었다고 고백하고 있습니다. 지금 이 하늘 아래에는 저자가 겪었던 것과 같은 고난을 겪고 있는 사람들이 많이 있을 것입니다. 이러한 분들에게 이 책은 위로와 분발의 메세지가 될 것입니다. 책을 손에 들자 쉬지 않고 50~60여 페이지를 순식간에 읽어 내려 갈 수 있었습니다. 문장이 평이하고 읽기에 참으로 좋은 책입니다. 지금 고난을 당하고 있는 많은 사람들에게 이 책이 그들의 내비게이션이 될 것이라고 확신합니다.　　　_ 채원암 **하늘비젼감리교회 장로, 전 외교관**

박성배 작가는 저와 박사 과정을 같이 공부한 룸메이트이고 친구입니다. 저는 저자에게 "당신의 7년간 바닥에서 겪은 이야기를 한번 써보라"고 권했습니다. 지난 7년간 모든 고난을 딛고 일어난 저자의 체험이 담겨있는 이 책이 많은 사람들을 일으키리라 확신 합니다. 내 사랑하는 친구 박성배작가의 [일어나다]를 적극 추천합니다.　　　_ 최광우 **오산 양일교회 담임목사, 서울장신대 겸임교수, 선교학박사**

박성배작가와 지난 30년을 아름다운 동행으로 함께 해왔습니다. 최근 7년간 그가 겪은 고난의 시간에 함께 기도했습니다. 고난을 재료로 희망을 쓴 『일어나다』가 많은 사람을 일으키는 희망의 도구가 되리라 믿습니다.

　　　_ 이인석 **새하늘선교회 회장,송파사랑의 교회 장로**

먼저 『일어나다』라는 제목이 좋습니다. 수많은 책이 있지만 이런 책 이름은 처음입니다. 만 번의 실패를 경험한 에디슨이 일어났듯이, 셀 수 없는 넘어짐에서 다시 일어나 세계 챔피언이 된 김연아 선수처럼, 일어난 사람들은 역사를 다시 쓴 사람들입니다. 말로 다 할 수 없는 고통과 절망의 터널에서 저자 박성배 작가는 다시 일어났습니다. 이 책을 펼치는 분마다 저자처럼 다시 일어나리라 확신합니다.

_ 김재술 **인천새교회 담임목사**

용문고등학교 26회 동기회의 문자를 통해 저자 박성배 친구가 책을 출간한다는 사실을 알게 되었습니다. 지성과 영경지수를 겸비한 친구 박성배 작가의 책 『일어나다』를 많은 사람들이 잃고 희망과 용기를 얻었으면 좋겠습니다.

_ 홍성백 **용문고26회 친구, 한국전자통신연구원 책임연구원, 정보통신공학박사**

인생의 불청객 중에 으뜸은 다름 아닌 고난과 역경입니다. 고난과 역경에 직면한 사람들이 보여주는 대표적인 두 가지 반응이 있습니다. 하나는 고난과 역경을 동굴처럼 생각하는 것입니다. 한번 들어가면 결코 빠져 나올 수 없다고 생각하는 것입니다. 그안에서 좌절하고 낙심하고 주저앉아 버리는 것입니다. 이런 반응은 한 번뿐인 인생을 실패의 나락으로 떨어뜨리는 지름길입니다. 다른 하나는 고난과 역경을 터널처럼 생각하는 것입니다. 터널은 동굴과 달라서 일정 시간이 지나면 마침내 원하는 목적지에 도달 할 수 잇습니다. 『일어나다』의 저자인 박성배 목사님은 자신의 인생을 통해 고난과 역경이 동굴이 아니라 터널임을 체험했고, 지금은 그러한 사실을 전하며 살고있는 존경하는 동역자입니다. 무엇보다 그 터널속에서 함께 하셨던 하나님을 뜨겁게 사랑하는 목회자입니다. 이번에 출간하게 된 이책을 통해 보다 많은 사람들이 목사님이 만났던 하나님을 나의 하나님, 나의 아버지로 만나게 되길 소망합니다.

_ 김진철 **마중물예람교회 담임목사, 선교학박사**

저는 박목사님의 『일어나다』라는 책을 이메일로 받고 즉석에서 읽기 시작했습니다. 너무나 간결한 문장과 이해하기 쉬운 주제들로 말미암아 책에서 눈을 뗄 수가 없었습니다. 인간은 누구나 고난의 시기가 있다고 생각합니다. 이 책은 그 고난을 돌파하고 한 걸음을 더 내 디딜 수 있는 용기를 주는 책이라고 생각합니다. 그리고 저도 책을 쓸 수 있겠다는 용기를 얻게 되었습니다. 이 책의 저자이신 박목사님께 너무 감사드립니다.

_ 최선희 **터키선교사**

인생이라면 누구나 크고 작은 우여곡절을 겪으며 산다는 말에 공감 하리라 본다. 세상에 널리 알려진 사람들의 공통적인 특징이 있다면 쉽지 않았던 지난날을 통해 오늘의 자리에 있다는 것일 것이다. 그 많은 유명 인사들 가운데 결코 뒤지지 않을 만큼의 질곡 깊은 고난의 자리에 있다가 멋지게 탈출한 자랑스런 나의 벗이 있다. 바로 『일어나다』의 저자이자, 나의 평생 동지인 박성배 목사이다. 고난의 자리에서 탈출이 결코 쉽지 않았던 지난날을 멋지게 극복하고 오늘의 자리에 서서 지난날을 잊어버리지도 교만하지도 않고, 오히려 지금 지난날 자신처럼 고난의 자리에 있는 이들을 향해 기꺼이 도움을 내미는 심정으로 이 글을 쓴 멋진 동지에게 존경의 박수를 보낸다. 오늘 고난의 자리에서 탈출을 시도하며 기도하고 있을 모든 이에게 이 책을 소개한다.

_ 박성화 **글로벌신학교 학장, 유곡교회 담임목사, 선교학박사**

어떤 사람이 죽어서 천국에 갔더랍니다. 가서 보니까 천사들이 뭘 열심히 포장하고 있더랍니다. 뭘 하고 있느냐고 물으니까 사람들에게 줄 복을 포장하고 있다고 하더군요. 복이 사람들에게 까지 잘 전해지도록 포장을 해서 보내는 거랍니다.

그리고 복을 포장하는 포장지는 '고난'이라고 해요. '고난'은 단단해서 내용물이 파손되지 않고 잘 벗겨지지 않으니까 포장용으로는 제격이라는데요. 그러면서 천사가 하는 말이, 그런데 사람들이 고난이라는 껍데기만 보고 그 안에 복이 들어있는 줄도 모르고 '어이쿠 무섭다' 하면서 받지 않고 피해버리거나, 받아 놓고서도 껍질을 벗기고, 그 안에 들어 있는 복을 꺼낼 생각을 하지 않고 고난만 붙잡고 어쩔 줄 몰라 한다는 겁니다.

포장지를 어떻게 벗기는 거냐고 물으니까, 고난이라는 포장지를 벗기고 복을 꺼내는 열쇠는 "감사"라는군요. 고난을 무서워 하거나 피하려고 하지 말고 감사하면서 받으면 그 껍질이 벗겨지고 그 속에 들어있는 복을 받을 수 있게 된다는 것 이었습니다. 그런데 사람들이 고난으로 포장된 선물을 받으면 감사하기보다는 불평을 해서 껍질이 더 단단해지는 바람에 그 안에 있는 복이 세상에 나와 보지도 못하는 경우도 많다고 합니다.

박성배 작가님은 이 고난 속에 들어있는 하나님의 엄청난 복을 감사함으로 열어 누리신 분이십니다. 이 비밀을 이 책 『일어나다』에서 잘 드러내 주셨습니다. 이 책을 읽는 모든 독자님들에게 이 따뜻한 책을 추천합니다

_ 권영진 독일 프랑크푸르트 Weinstockgemeinde 목사, CMI 유럽 선교사

꿈을 찾는 영혼들에게 오롯이 희망의 메시지를 강력하게 전하는 책 『일어나다』는 이 시대의 수많은 상처 입고 좌절하고 있는 사람들에게 참으로 유익한 책입니다. 저자는 삶에 닥친 인고의 시련을 믿음과 독서를 통하여 승화시킨 하나님의 사람입니다. 저자가 심혈을 기울여 저술한 이 책에서 각 장에 소개된 감동적인 이야기들은 분명 독자들의 심령을 적시고 새로운 용기를 북돋우고 힘찬 도전으로 이끌것을 확신합니다. _ 김석겸 북방선교회대표, 세계불꽃선교교회 담임목사

왜,
나만 고난을
당해야 하는가?

2009년 9월, 내 인생의 광야수업이 시작되었다. 그때 이후 지난 7년
간 줄곧 질문한 질문은 이것이다. "왜, 나만 고난을 당해야 하는가?"
내 주변의 사람들은 다 잘 사는 거 같은데, 나만 고난을 당하는 것 같
았다. 내 전 삶과 재정을 들여 지은 건물이 경매에 넘어갔고, 어찌할
수 없는 인간의 한계 상황에서 광야수업을 받게 되었다. 그 후 나는
살기 위해서 혼자 몸부림쳤다. 나는 너무나 아팠고, 모든 삶의 문제를
홀로 끌어안고 살아왔다. 그렇게 몇 년의 세월이 꿈결같이 흘렀고 나
는 다시 일어났다. 그 자세한 내용은 제1장의 첫 내용인 "내 인생의 광
야대학 이야기를 담았다"를 보기 바란다.

인간은 어느 때 넘어지고 어떻게 다시 일어나는가?

나는 살면서 승승장구할 줄만 알았다. 그러나 생각지 못한 넘어짐을 경험하게 되었다. 그래서 인생의 밑바닥에 거의 몇 년을 엎드려 있었다. 이 책은 사람은 살아가다 보면 넘어질 수 있고, 넘어졌을 때 어떻게 다시 일어날 수 있는가를 이야기하고 있다. 넬슨 만델라의 말대로 "인간이 위대할 수 있는 점은, 넘어지지 않는 데 있는 것이 아니라 넘어질 때마다 일어나는 데 있다"라는 말은 내게 다시 일어나는 데 큰 힘을 준 말이기도 하다.

이 책은 사람이 어떻게 다시 일어날 수 있는가에 관한 이야기이다.
나는 너무 힘들어 두 번 정도는 스스로 삶을 마감하려는 생각도 하였고, 너무 힘들어서 몇 날을 누워서 신음하며 있었던 날들도 많았다. 그러한 혹독한 고난의 세월을 보내면서 책 속에서 고난을 딛고 일어난 사람들에게서 큰 위로와 용기를 얻었다. 책과 삶 속에서 사람들을 만났고, 그럼에도 불구하고 끝까지 꿈을 포기하지 않았고, 내가 믿는 신앙의 힘으로 다시 딛고 일어나게 되었다. 애벌레가 나비가 되기 위해서 겪어야 하는 고통처럼 그런 고통의 세월을 지나서 나는 고난의 힘으로 날게 되었다.

왜, 나만 고난을 당해야 하는가?
그 질문에 대한 답이 이 책에 있다. 고난이 내 인생에 어떤 역할을 했는지가 이 책에 있다. "왜, 나만 고난을 당해야 하는가?"에 대한 물음으로 시작했던 물음은 책, 사람, 꿈, 믿음이라는 광야대학의 리트머스 시험지를 통과하면서 새롭게 "고난은 신의 선물이다"라는 고백을 하는 사람으로 다시 태어나게 되었다. 지금 생각해보면 기적과 같은 일이다. 내가 지금 이렇게 일어난 사실이 기적 같다. "이번에는 못 일어날 것이다"라고 주변 모든 사람이 말할 만한 환경에서 나는 다시 일어났기 때문이다.

그래서 나는 확신을 가지고 이 책에 내가 일어날 수 있었던 내용과 과정을 기록하였다. 인간은 넘어질 수 있고, 인간은 또 일어날 수 있기 때문이다. 독자 여러분도 이 책을 읽어 나가면서 용기를 갖기 바란다. 이 글을 쓰고 있는 내가 일어날 수 있었다면 여러분도 반드시 일어날 수 있기 때문이다. 그럼 이제 나와 함께 나를 일으킨 책, 사람, 꿈, 믿음의 여행을 떠나보자.

2015년 가을
박 성 배

CONTENTS

제 3 장 사람의 힘으로 일어나다

제 4 장 꿈의 힘으로 일어나다

제 5 장 믿음의 힘으로 일어나다

제 6 장 고난은 신의 선물이다

"

내 인생의 광야대학 이야기를 담았다
고난을 대하는 태도에 따라 삶이 달라진다
사람은 고난이라는 용광로에서 정금처럼 변화된다
깊이 있는 인생은 고난의 때에 만들어진다
고난은 파도처럼 밀려온다

"

제 1 장

고난은 파도처럼 밀려온다

내 인생의
광야대학 이야기를
담았다

사람들은 내게 묻는다.

"어떻게 그 힘든 시간을 견디고 일어났느냐"고.

그 물음에 대한 답으로 이 책을 썼다.

그동안 3권의 책을 공저로 출간하고 언젠가를 내 이야기를 한 권의 책으로 써야 한다는 생각을 가지고 있다. 그러나 "조금 더 있다가 쓰자"라는 생각이 마음 한구석에 있었다. 그런데 최근에 주변 지인들이 이야기를 한다. "이제 당신의 이야기를 쓰라"고.

<치유의 글쓰기>의 저자 셰퍼드 코미나스는 "마음속 밑바닥까지 내려가 남김없이 자신의 이야기를 쓰라"고 한다. 그래서 편안한 마음으로 그동안 내가 지나왔던 이야기를 친한 친구들과 이야기하는 마

음으로 쓰기 시작했다. 2009년 9월, 내 삶은 속수무책이었다. 그 절박한 상황에서 나를 다시 일으킨 것은 책, 사람, 꿈, 믿음이었다. 그 이야기를 이 책의 페이지마다 적었다. 누구나 그렇지만 나 역시 삶의 영역에서 나름대로 열심히 살아왔던 평범한 사람이다. 남들이 고난을 겪었다고 하거나 책에서 그런 이야기를 접하면 남의 이야기처럼 들렸었다. 그렇던 내가 바닥에서 겪고 일어난 이야기를 이 책에 적게 되었다.

2009년 9월, 내 삶을 180도 바꾼 일이 일어났다. 그동안 의지하고 함께 살아왔던 내 삶의 울타리들이 없어진 것이다. 내 인생의 인생 광야수업이 시작되었다. 스트레스로 이도 16개나 빠졌었는데 친구의 소개로 최고의 의료진인 전주 닥터진치과 진우정 박사의 도움을 받아 다시 해 넣을 수 있었다. 귀한 분들을 통해서 사랑의 빚을 질 수밖에 없었다. 빚더미의 건물 속에서 4년을 지내다가 결국 건물은 경매가 되었고 나는 파산자가 되었다. 물론 1년 후에 어려운 절차를 거쳐서 면책을 받고 경제적으로 빚에서 해방은 되었다. 그러나 그 고난의 시간들은 너무나도 고통스러운 과정이었다. 나는 너무나도 외로웠고 힘들어서 몇 번을 죽으려고 까지 했었다. 살아야 한다는 생각을 한 후에는 난방도 안 되는 건물에서 추운 겨울을 여섯 번이나 온몸으로 견디며 버텨내야 했다.

괴테는 "눈물에 젖은 빵을 먹어 보지 않은 사람과는 인생을 논하지 말라"고 했는데, 나야말로 지난 7년을 돌이켜보면 눈물에 젖은 빵을 먹으며 다시 살고자 몸부림친 세월이 아닌가 싶다. 내가 그런 큰 고난을 겪게 될 줄을 상상도 못했다. 남들만 겪는 일이고, 뭔가 모자라는 사람들이 겪는 일이라고 생각 했던 것도 사실이다. 그런데 막상 내가 그러한 고난을 겪으면서 보니까 고난을 겪는 사람들의 이야기가 남의 이야기가 아니라 나의 이야기가 되었다. 고난을 겪는 사람들의 입장이 이해가 되었고, 나는 인생의 밑바닥에서 서서히 변하기 시작하였다. 7년의 광야대학을 통해서 나는 다른 사람이 되었다.

지난 시간 동안의 혹독한 인생 광야대학의 수업을 생각해보면 나는 날마다 절망 이었고, 그러한 가운데서도 다시 살고자 몸부림치면서 희망을 가지려고 절박하게 몸부림친 시간이었다. 인생광야대학의 과목은 외로움, 깨어짐, 낮아짐, 기다림, 인내, 극한 궁핍의 경험, 등 이었다. 그래서 나는 날마다 절망했고 몇 번이나 삶을 끝내고도 싶었다. 너무 사는 것이 힘들어서 엉덩이에 딱지가 앉을 만큼 하루 종일 누워서 신음하던 날도 많았다. 미래가 두렵고, 어떻게 살아야 하나. 나는 왜 여기서 혼자 이러고 있나. 날마다 죽음보다 힘든 절망과 싸우고 싸웠다. 그때 페이스북 Facebook에 올렸던 글들을 친구들과 같이 냈던 책이 "한 걸음 더, 나는 매일 희망을 보며 행복하다 북셀프,박사무엘"라고 하는 에세이집이었다. 나의 삶의 정황이 너무나 절망스러우니까 죽을 힘을 다해서 그래도 희망을 갖고자 몸부림을 치면서 글을 썼던 것 같다.

참으로 다행스럽게도 나는 죽지 않고 살아서 지금 이 글을 쓰고 있다. 이제는 2009년 9월 이후의 절망적인 상황에서 서서히 벗어나 대학에서 강의도 하고, 방송 진행도 하고, 글쓰기 코칭도 하며, 계속해서 고난을 재산 삼아 글을 쓰는 사람이 되었다. 돌이켜 보면 지난 시간의 혹독한 인생 광야대학은 힘든 과정이었지만 보석 같은 진리들을 많이 내 인생의 그릇에 캐어 담은 소중한 시간들이었다.

책의 제목을 "일어나다"로 정하고 생각을 해 본다. 무엇이 나를 그 혹독한 고난에서 일으켰을까? 지난 시간들을 조용히 돌이켜보니 대략 네 가지 요인이 나를 다시 일어나게 했다. 책, 사람, 꿈, 믿음이다. 누구나 살아가면서 고난의 강을 건너게 되는데, 나의 경우는 그 강을 도서관에서 책을 보면서, 나보다 더 큰 고난을 겪은 사람들의 이야기를 통해 힘을 얻으면서, 아무리 절망적인 상황에서도 꿈을 포기하지 않으면서, 그리고 내가 믿는 신앙과 믿음의 힘으로 극복하면서 일어나지 않았나 싶다. 이 글을 읽는 독자 중에 삶에 어떤 고난이 있다면, 나의 이야기가 고난의 강을 건너는 데 희망 비타민이 될 수 있으리라 생각한다. 내가 일어났다면 여러분도 일어날 수 있을 것이다. 내가 일어날 수 있었던 네 가지를 좀 더 자세히 이야기하면 이렇다.

첫째로 내가 다시 일어날 수 있었던 것은 "책"이다.

저의 경우에 있어서는 다행히 집 근처 도서관에 피해서 고통을 달래고자 책을 읽기 시작하였다. 그때 할 수 있었던 일은 집근처 영종도서관에 가서 책을 읽는 것밖에 없었다. 집 근처 도서관의 2만여 권의 장서들을 닥치는 대로, 손에 잡히는 대로 읽었다. 대학노트에 마음에 와 닿는 구절들을 적으면서 읽기 시작한 것이 만여 권을 읽게 되었다. 그동안 바빠서 읽지 못했던 책을 방에다 2,000여 권을 쌓아 놓고 읽으면서 좋은 구절들은 페이스북에 올리기도 하였다.

책을 읽으면서 대학노트에 메모한 것이 20여 권 정도 되었다. 나 혼자 간직하고 있기에는 너무나 좋은 구절들이 많았기 때문이다. 그것을 모아 페이스북 친구들과 2권의 에세이집을 출간했다. 아마도 그 책들은 나에게 희망을 주었던 보석 같은 구절들을 모은 광야의 보석 상자 같은 책이다. 고통을 달래기 위해서 시작한 책 읽기가 나를 살렸다. 마음에 좋는 책의 구절들이 내 마음속에 들어가면서 마음 근육이 강해져갔고 점차 두려움은 희망으로 바뀌기 시작하였다. 그리고 이『일어나다』는 내 인생이 넘어졌다가 다시 일어난 진솔한 고백이다.

그래서 나는 고백한다. 책은 끝이 좋다. 고통의 한가운데서 읽은 책들 속의 좋은 영양분들이 쌓이고 쌓여 내게 힘을 비축해주고, 나는 결국 책의 힘으로 다시 일어나게 되었다. 술을 마셨으면 알콜 중독자가 되었을 텐데, 그래도 다행스럽게 책을 보고 나는 다시 일어났다. 그래서 생각한다. 책은 끝이 좋다고 말이다. 그래서 저는 이 책을 스마트폰에 넣어서 고난을 겪는 많은 사람들에게 희망 에너지로 충전해 주고 싶다. 나는 책의 힘을 믿는다.

두 번째로, 나를 다시 일으킨 것은 "사람"이다.

사람이 고통을 겪을 때 위로가 되는 것은 잘나가는 사람이 아니다. 더 큰 고통을 겪고 일어난 사람들의 이야기이다. 인간은 모두 위가가 필요한 연약한 존재들이다. 더구나 고난을 겪을 때는 누군가의 작은 희망의 이야기도 위로와 소망이 된다. 다시 딛고 일어날 수 있는 희망의 바탕이 된다. 힘들 때 칭키즈칸, 아브라함 링컨, 조엔 롤링, 도스토예프스키, 다산 정약용 등을 다시 만났다. 특별히 그들의 고난을 딛고 일어난 힘이 내게 다시 일어날 수 있는 힘이 되었다.

믿음의 인물들 중에는 13년 고난의 터널을 믿음으로 건넌 후에 총리로 우뚝 선 요셉의 이야기, 10여 년 광야를 겪고 통일 이스라엘의 믿음의 지도자가 된 다윗, 그리고 인간이 겪을 수 있는 모든 고난을 다 겪으면서도 세계선교의 사명을 감당한 사도 바울을 다시 만났다. 2006년 박사 과정을 하면서 미국 풀러신학교를 방문했었는데, 찰스 풀러도 5년의 혹독한 광야수업 후에 풀러신학교를 세웠고 방송사역을 하게 되었음에 큰 공감을 하게 되었다.

인생 광야 수업을 혹독하게 받으면서 "사람이 얼마나 존귀한 존재인지"를 배웠다. 유명한 사람은 아니지만, 소위 갑의 입장에서 살던 내가 완전히 인생의 밑바닥에서 을의 입장에서 주변 사람들의 도움을 받으며 살 수밖에 없는 삶을 살게 된 것이다. 그래서 어쩔 수 없이 주변 지인들의 도움을 받으면서 지난 7년을 버틸 수밖에 없었다. 그러면서 나의 지난 삶을 철저히 돌아보게 되었다. 반성도 많이 하고 이제 다시 정상적인 삶의 현장에 복귀하게 되면 "사람을 존귀하게 여기면서 살아가야겠다"는 다짐을 하게 되었다. 또 존귀한 사람들은 고난의 때에 광에서 준비된다는 사실에 위로를 받기도 하였다. 이 책의 제3장에는 제게 힘을 주고 저를 다시 일으켰던 사람들의 이야기를 적었다.

세 번째로, 나를 다시 일으킨 것은 꿈이다.

나는 지난 시간 동안 인생의 밑바닥에서 지내면서 내 꿈이 무엇인지를 다시 생각하게 되었다. 내가 진짜 원하는 꿈은 무엇인가? 내가 이 땅에서 진짜 가져야 할 꿈은 무엇인가? 어쩔 수 없이 세월을 홀로 보내면서 가족의 소중함을 뼈저리게 배우게 되었다. 다시 행복한 가정을 꿈꾼다. 바람이 세면 연은 더 높이 날아오르듯이, 고난을 통해서 꿈의 연단을 받은 나는 이제 겸손히 섬기는 삶을 살고자 한다.

네 번째로, 나를 다시 일어나게 한 것은 믿음이다.

2007년 영종도 공항신도시에 건물을 지었다. 그 무렵 박사학위를 받고 신학교에 겸임교수로 강의를 하러 갔었고 제법 잘나가는, 성공한 사람처럼 보였다. 그런데 건물을 지으면서 발생한 빚에 대한 이자 부담이 너무 컸다. 가족과 주변 사람들이 다 떠난 자리에서 나는 처절하게 부르짖었다. 고통 가운데 지하에서 눈물로 부르짖었다. 그래도 힘들어서 한 주간의 3일간은 기도동산에 가서 3일간 금식하며 부르짖었다. 그렇게 만 2년을 기도하였다. 고통의 밑바닥에서 하늘 아버지의 음성을 듣고 다시 일어날 용기를 얻었다. "네 손을 들어뜨리지 말라, 내가 세상을 이겼노라, 내가 너를 고아와 같이 버려두지 않을 것이다"라는 음성이었다. 제5장은 내가 힘들 때 힘을 준 믿음의 이야기이다.

여기까지 프롤로그에 제 인생에서 가장 힘들었던, 그러나 가장 큰 인생수업을 받았던 지난 이야기를 쓰고 나니 마음에 좀 편안해지고 힐링이 된다. 누구나 살면서 고난의 강을 지나지 않고 사는 사람은 없을 것이다. 그러나 그 고난의 터널은 끝이 있다. 먹구름 뒤에 천둥 치고 소나기가 오지만, 비가 온 후에야 무지개를 볼 수 있다. 희망하기는 내 인생의 고난의 강을 건너는 데 징검다리가 되었던 책, 사람, 꿈, 믿음의 이야기가 이 책을 읽는 여러분에게도 희망의 징검다리가 되기를 소망한다.

내가 그 처절한 삶의 밑바닥에서 일어날 수 있었다면, 여러분도 어떠한 환경과 여건에서도 일어 날 수 있다. 이제 나와 함께 이 책의 내용 속으로 들어 가면서 인생에서 만날 수 있는 "절망을 희망으로 바꾸어가는 여행"을 함께 할 수 있기를 바란다. 결국, 지나고 보니 내게 아프고 힘들었던 고난의 시간이 오히려 나를 날게 하는 날개가 되어 주었다. 고난은 우리를 날게 하는 날개이다.

고난은 인생의
스승이다.

- 중국 속담

고난을 대하는
태도에 따라
삶이 달라진다

내가 군생활할 때 들은 말 중에 늘 잊혀지지 않는 이야기가 있다. 그것은 "책상 위의 물 반 컵의 이야기"이다. 지금 내 책상 위에 물이 반 컵이 있다. 부정적으로는 보는 사람은 반 컵밖에 없다고 할 것이고, 긍정적으로 보는 사람은 아직도 반 컵이 남아 있다고 생각할 것이다. 그렇다. 똑 같은 책상 위의 물 반 컵이지만 생각하기에 따라서 결과는 무척 달라진다.

고난도 그런 것 같다. 고난은 생명을 더욱더 강하게 만들기도 하지만 마음 깊은 곳에 잠재된 야성과 잔인함을 깨우기도 한다. 고난은 항상 사람들이 미처 손 쓸 겨를도 없이 찾아온다. 그 충격 또한 엄청나다. 고난은 육체적인 고난과 정신적인 고난을 포함한다. 우리는 고난을 막지 못한다. 그렇지만 고난을 대하는 태도는 선택할 수 있다. 강인하거나 유약하거나 인내하거나 폭발하거나, 그리고 우리의 선택 결과는 단 두 가지이다. 무너지거나 새로 태어나거나.

나에게도 2007년 건물을 짓고 나서 빚으로 인한 고통을 받을 때가 갈림길이었다. 내 주변 사람들은 다 나를 떠나고 혼자서 버티고 버티다가 결국 건물은 경매가 되고 파산을 하게 되었다. 그 상태에서 내가 할 수 있는 일은 무너지거나 새로 태어나는 두 가지였다. 나는 죽음의 유혹과 무너짐의 위기를 넘어 고통 속에서 나를 만들어 가는 새로운 변화의 과정을 겪고 있었다. 끝까지 이 삶의 현장에서 모든 것을 견디며 감당하자. 내 주변의 모든 사람들을 원망하거나 자책하지 말자. 희망을 품자. 계속 책을 읽고 내 마음에 희망 근육을 키워가자 등이었다.

당시에는 몰랐지만 그때 도서관에 가서 책을 보고, 나보다 더 큰 고통을 겪고 일어난 사람들의 이야기를 통해 힘을 얻고, 믿음을 갖고 그래도 언젠가는 고통의 날이 끝나고 희망의 날이 오리라고 하는 꿈을 품었다. 그러한 기간을 지나면서 어느새 나는 고난 속에서 마음 근육이 강건해지고 힘이 생겨서 어떠한 삶의 정황에서도 흔들리지 않는 사람으로 거듭나게 되었다.

중국에서도 고진감래라는 말과 함께 "더욱 힘든 고난을 이겨내야만 다른 사람의 위에 올라설 수 있다"라는 말이 있다. 이 말은 모두 고난에 부딪혔을 때 인내하고 희망을 가지라는 뜻이다. 큰 고난을 겪은 뒤에야 평온이 찾아오기 마련이다. 그렇다면 언제나 고진감래의 순간이 찾아오고, 더욱 힘든 고난을 이겨낸 사람 모두가 다른 사람 위에 올라설 수 있을까? 꼭 그렇지 만은 않다. 고난은 인생에게 반드시 겪게 되는 것이지만 "고진" 다음에 반드시 "감래" 하는 것은 아니다. 이는 고난 속에서 어떤 선택을 하느냐에 따라 달라진다.

고난을 겪을 때 우리는 두 가지 중에 하나를 선택 할 수 있다. 고난 속에서 인격을 연마하고 더 강인한 사람으로 거듭난 사람이 될 수 있고, 입을 열면 신세 한탄이며 동정심을 구하는 말만 하면서 주변 사람들을 힘들게 할 수 있다. 변화심리학자 앤서니 라빈스의 말대로 우리가 고난을 겪을 때 희망을 향하여 결단할 때 긴 터널에도 끝이 있는 것처럼, 고난은 끝이 나고 새로운 미래가 열리게 됨을 경험하게 된다.

그러므로 우리는 닥쳐오는 고난을 피할 수 없을 때 담담하게 받아들여야 한다. 고난은 예고 없는 소나기처럼 오지만, 닥쳐오는 고난을 피하지 말고 묵묵히 인내하며 견디다 보면 어느새 내 인생에 고난의 먹구름은 지나고 희망의 무지개가 뜨는 날이 오는 것을 경험하게 될 것이다.

인류를 구원하기 위해 오신 예수 그리스도조차 일평생 끝없는 고난을 겪었다. 그는 사랑을 실천하기 위해 십자가에 못 박혔다. 그러면서도 그는 고난을 유익이라고 말하면서 받아들였다. 고난은 부활로

이어졌다. 우리도 이제는 인생에 예고 없이 찾아오는 고난 앞에서 좀 더 용감해질 필요가 있다. 고난이 찾아올 때 그것을 받아들일 마음의 준비를 단단히 해두자. 그리고 그 고난이 우리를 강인한 사람으로 단련시킬 것을 기대하자. 살면서 우리는 누구나 고난을 겪지만 그 고난을 대하는 태도에 따라 우리의 인생은 달라진다.

비관론자는
수많은 기회 중에서도
어려움을 찾고,
긍정적인 이는
수많은 어려움 중에서
기회를 찾는다.

– 위스턴 처칠

고난은 파도처럼 밀려온다

사람은
고난이라는
용광로에서
정금처럼 변화된다

사람은 참 변화가 되지를 않는다. 저 사람은 저 정도 지위에 저 정도 나이를 먹었으면 변할 때도 되었는데 변하지를 않는다. 톨스토이는 "사람들은 세상이 변화되기를 원하지만 자신이 변화되기를 원하는 사람은 없다"고까지 했다. 맞는 말이다. 사람은 참 변하지 않는다. 나역시 그랬다. 그런데 인생의 광야를 겪으면서, 인간이 겪을 수 있는 한계 상황을 겪으면서 조금씩 조금씩 변하기 시작하였다. 사람을 변화시키는 것은 역시 고난이라고 하는 용광로이다.

사람이 얼마나 변하지 않는가에 대한 다음과 같은 이야기가 있다. 영국 웨스터민스터 지하 묘지에 묻힌 어느 성공회 주교의 무덤 앞에 "변화"라는 글이 적혀 있다고 한다.

내가 젊고 자유로워서 상상력의 한계가 없을 때

나는 세상을 변화시키겠다는 꿈을 가졌었다

그러나 좀더 나이가 들고 지혜를 얻었을 때

나는 세상이 변하지 않으리라는 것을 알았다

그래서 나는 시야를 약간 좁혀 내가 사는 나라를

변화시키겠다고 결심했다

그러나 그것 역시 불가능한 일이라는 것을 알았다

나는 마지막 시도로 나와 가장 가까운

내 가족을 변화 시키겠다고 마음 먹었다

그러나, 아아, 아무것도 달라지지 않았다

이제 죽음을 맞기 위해 자리에 누워 나는 문득 깨닫는다

만약 내가 나를 먼저 변화시켰더라면

그것을 보고 가족이 변화 되었을 걸...

또한 그것에 용기를 내어

내 나라를 더 좋은 곳으로 바꿀 수도 있었을걸...

그리고 누가 아는가,

세상까지 변화되었을지...

참 공감이 가는 말이다. 변화는 아픔과 노력을 수반한다. 변화를 통해 성장하지만 동시에 그에 따른 혼란과 고통 속에서 성장통을 경험한다. 독수리는 40년을 살고 나서 한 가지 선택을 해야 한다고 한다.

현재 가지고 있는 발톱과 부리를 가지고 살다가 죽을 것인지, 아니면 기존의 발톱과 부리를 벗어 버리고 새로운 독수리로 다시 태어나든지이다. 애벌레가 나비가 되려면 고치를 뚫고 나오는 고통을 겪고 나와서 결국 애벌레는 나비가 된다.

변화 심리학자인 앤서니 라빈스Anthony Robbins는 "당신의 운명이 결정되는 것은 결심하는 순간이다"라고 했다. 그는 고등학교의 학력에다 가난한 청년이었다. 돈도 없고 뚱뚱한 빌딩 청소부였다. 그러던 그가 자신을 완전히 변화시키겠다고 결심한 후에 8년간의 노력을 통해 완전히 다른 사람으로 변화되었다. 그는 자신의 책, 『네 안에 잠든 거인을 깨워라』에서 이렇게 고백한다. "나는 내 삶을 하나도 남김없이 송두리째 변화시키겠다고 다짐했다. 그 결단이 나를 지금처럼 놀라운 미래로 데려다 주었다"라고 고백한다. 다음의 내용은 인간이 결심에 따라서 얼마나 변화할 수 있는지를 보여 준다.

나는 고등학교 학력을 가지고 있는 가난한 청년이었다. 돈도 없고 뚱뚱한 빌딩 청소부였다. 하루 종일 걸레질을 하고 변기를 닦으며 시간을 보냈다. 나와 연애하려는 사람도 없었기에 사랑을 포기한 채 자취방에 틀어박혀 세상사는 것이 힘겨워서 눈물을 흘리곤 했다. 그러나 나는 내 삶의 모든 영역에서 나를 변화시키고자 결심을 했다. 운동을 시작해서 1년 만에 17Kg을 뺐고, 지적 능력 개발을 위해 인간 계발, 심리학, 동기부여 등 400권 이상을 읽었다. 나는 8년 동안의 모든 변화의 과정을 책으로 출간하고 강연을 시작하였다. 나는 100만 부 이상을 판매한 세계적인 베스트셀러 작가가 되었고, 나의 강연이 담긴 오디오는 전세계적으로 2억 개 이상 팔렸다. 현재 40억이 넘는 호화 저택에서 행복한 삶을 살고 있다.

엔서니 라빈스는 8년 만에 빌딩 청소부에서 세계적인 명사로 변화하게 되었다. 그는 그 변화의 핵심을 『네 안에 잠든 거인을 깨워라』에서 "마음이 변화되면 사람이 변화된다"라고 말하고 있다. 아마도 고난의 용광로 중의 하나가 감옥이 아닌가 싶다. 남아공의 흑백 문제를 해결한 넬슨 만델라가 변화된 곳은 27년 6개월간의 로벤섬이었다. 확실히 사람은 잘 변하지 않기에 신은 인간을 변화 시키기 위해서 특별히 고난이라는 용광로를 사용하는가 보다.

뜨거운 용광로에서는 철까지 녹는다. 아무리 강한 철도 용광로 안에서는 다 녹아서 새로운 주물로 만들어 진다. 뜨거운 용광로안에서 모든 것이 다 녹아서 변화가 되듯이, 신은 우리의 변화를 위해서 고난이라고 하는 뜨거운 사랑의 용광로를 사용하는 것이 아닐까? 그러한 의미에서 보면 고난은 축복으로 가는 희망의 징검다리가 아닌가 싶다. 지금 내 삶에 고난이 있다면 그 고난으로 인해 나를 변화시켜 귀하게 쓰실 신께 감사들 드려야 하지 않을까? 아무리 변하지 않을 것 같은 사람도 결국은 고난이라고 하는 용광로에서는 정금처럼 변화가 된다.

쉽고 편안한 환경에선
강한 인간이 만들어지지 않는다.
시련과 고통을 통해서만
강한 영혼이 탄생하고,
통찰력이 생기고,
일에 대한 영감이 떠오르며,
마침내 성공할 수 있다.

– 헬렌켈러

깊이 있는 인생은
고난의 때에 만들어진다

2014년 KBS에서 방영된 역사 드라마 정도전에서 가장 인상 깊게 본 장면이 떠오른다. 정도전이 구세력인 이인임 일파에게 밀려서 나주로 유배를 떠나는 장면이었다. 그때 친구인 정몽주가 정도전에게 준 말이 맹자의 말이었다. "하늘이 장차 큰 일을 맡기려 할 사람에게는 먼저 고난을 통해서 그만한 사람을 만든다"는 내용이다. 그 맹자의 말대로 정도전은 나주에 유배를 가서 9년간 말할 수 없는 고난을 겪는다. 사대부였던 그는 9년간 갖은 고난을 겪으면서 백성들의 삶을 이해하는 위민사상가로 거듭난다. 정도전을 일개 사대부에서 위민사상가로 거듭 태어나게 한 것은 9년간의 고난의 시간이었다.

나 역시 그랬다. 2007년 인천공항이 가까운 인천공항신도시에 건물을 짓고 빨리 성공하여 이름 있는 사람이 되고 싶었다. 그런데 신은 내게 가혹하리 만큼 비참한 추락을 경험하게 하였다. 인천공항 근처에서 비행기를 타고 세계를 다니며 유명한 사람이 되고자 했던 나의 꿈은 산산이 부서졌다. 비행기가 뜨다가 순항을 하지 못하고 추락한 격이었다. 피투성이가 되어 홀로 남은 나는 빚과 싸우면서 몇 년의 세월을 몸부림치며 내 인생을 돌아보게 되었다.

빨리 성공하려던 나는 추락하여 나 자신을 정말 깊이 돌아보게 되었다. 너무나 아프고 힘든 시간이었지만, 돌이켜보면 그 아픈 시간 동안 나는 나를 깊이 돌아보는 시간을 가졌다. 책을 볼 때에도 건성 건성 보지 않고 가슴으로 읽게 되었고, 고난을 겪고 일어났던 사람들의 이야기를 읽으면서 사람의 소중함과 존중과 배려를 새로이 배웠다. 내 야망의 꿈을 내려놓고 하나님나라의 꿈을 갖게 되었다. 내가 믿는 신앙의 대상인 하나님 아버지와 예수 그리스도에 대해서도 깊은 성찰을 하며 깊이 있는 만남의 시간을 갖게 되었다.

나는 지난 몇 년간 고난의 시간을 보내면서 대나무의 이야기에 많은 위로를 받았다. 모죽이라 부르는 대나무는 중국, 한국, 일본에서 자생하는 종류로 제아무리 주변 환경이 좋아도 심은 지 5년이 지나도록 눈에 띄는 변화가 없다고 한다. 그냥 자라지 않는 것처럼 보인다고 한다. 그렇게 준비 기간으로 몇 년을 보내고 난 뒤에는 갑자기 하루에 70센티미터씩 쑥쑥 자라기 시작하는데, 6주 동안 하루도 쉬지 않고 성장해서 나중에는 길이가 무려 30미터나 된다고 한다. 5년 동안은 드러내지 않고 조용히, 그렇게 크게 자라기 위한 준비를 하고 있었다는 말이다. 그 대나무는 5년 동안 땅 속 깊은 곳에서 사방으로 뿌리를 뻗어 주변 십 리가 넘는 땅에 기초를 다져 나간다고 한다.

우리 인생도 마찬가지인 것을 지난 고난의 시간을 통해서 배웠다. 성공하려면 기초를 잘 다져야 한다. 나를 튼튼히 받쳐주고 확고한 성장의 밑거름이 되어줄 믿음과 경험이라는 뿌리를 깊고도 넓게 내려야 한다는 것도 배웠다. 대나무가 자라기 위해서 뿌리내리기에 5년이라는 긴 시간을 보내는 것처럼, 우리의 인생도 뿌리를 내리는 시간이 필요하다. 대나무처럼 먼저 뿌리를 튼튼히 내려야 튼실하게 성장 할 수 있다.

그렇다. 깊이 있는 인생은 고난의 때에 만들어 진다. 내가 지난 몇 년간 책을 통해서 또한 만남을 통해서 알게 된 사람들 역시 그랬다. 인생의 고난의 때에 자신을 깊이 돌아보면서 깊이 있는 인생으로 새롭게 도약해 갔던 사람들이었다. 430만의 영혼들에게 감동을 준 『연탄길』의 저자 이철환 작가 역시 7년 동안 주변 이야기를 듣고 모아 펴낸 『연탄길』을 출간하기까지 출판사에서 5번의 거절을 경험해야 했다고 한다. 내가 도서관에서 책을 보면서 제일 큰 감동을 받고 위로를 받는 정약용의 삶 역시 그렇다. 우리가 아는 다산 정약용이 만들어진 시기는 강진에 유배 간 18년간의 고난의 때였다. 깊이 있는 인생은 고난의 때에 만들어진다. 빨리 가는 것이 성공이 아니다. 지금 내 삶에 고난이 있다면 오히려 깊이 나를 돌아보는 시간으로 삼자. 깊이 있는 인생은 고난의 때에 만들어진다.

하늘이 어떤 사람에게 대임을 맡기려 할 때는
반드시 먼저 마음을 괴롭게 하고
그들의 근육을 아프게 하고
그들의 육체를 굶주리게 하고
가진 것이 없게 만들고
그 행동을 실패하게 해서
그들이 해야 할 일과 어긋나게 만든다.
이것은 분발하게 하고 참을성 있게 해서
그들이 이제까지 해내지 못하던 일을
더 많이 할 수 있도록 해주기 위해서이다.

- 맹자

고난은
파도처럼
밀려온다

어린 아이가 10개월 동안 엄마 뱃속에서 있다가 세상에 나올 때 아이는 울음을 터트린다. 어떻게 보면 인간은 태어나는 순간부터 삶을 마치는 날까지 고난의 연속인지 모른다. 삶이 끝이 라고 생각될 때 내가 살고 있는 영종도 을왕리 해변에 가서 밀려오는 파도를 하루 종일 바라본 적이 있었다. 밀물 시간에는 계속해서 파도가 끊임없이 밀려온다. 그런데 썰물 시간이 되면 어느덧 물이 조금씩 조금씩 빠져 나간다. 밀물만 있는 것이 아니라 썰물도 있고, 해변가에는 밀물과 썰물이 반복되는 것을 보면서 깨달은 바가 있다.

인생에 있어서 고난도 파도처럼 온다. 고난이 올 때는 계속해서 파도처럼 온다. 그러나, 밀물만 계속되지는 않는다. 한나절이 지나면 썰물 시간이 온다. 썰물 시간에는 물이 빠져 나간다. 인생도 그렇다. 고난만 계속 되지 않는다는 사실이다. 고난은 파도처럼 밀려오지만 고난이 끝나는 시간이 온다. 지나고 보니 끝나지 않을 것 같던 내 인생의 고난의 파도도 밀물처럼 밀려왔다가 썰물처럼 빠져 나간다.

해변가에는 밀물과 썰물이 반복되듯이 인생의 폭풍우 속에서 삶은 더 튼튼하게 단련이 되어진다는 것이다. 조셉 M. 마셜의 『그래도 계속 가라』에 보면, 지혜의 부족인 라코타 부족에게서 삶의 지혜를 배울 수 있다.

살다 보면 기쁜 일 만큼이나 슬픈 일도 있고, 이길 때가 있으면 질 때도 있으며, 일어서는 것만큼이나 넘어지는 경우도 허다 하단다. 네 안에는 성공하고자 하는 의지와 더불어 기꺼이 실패를 감수하겠다는 마음도 함께 있으며, 삶을 외면하려 드는 두려움과 마찬가지로 삶에 용감하게 맞서고자 하는 용기도 함께 자리하고 있단다.
강인함이란 삶의 폭풍에 용감하게 맞서고, 실패가 무엇인지 알고, 슬픔과 고통을 느끼고, 비탄의 구렁텅이에 빠진 후에야 얻을 수 있는 것이란다. 강하다는 것은 네가 아무리 지쳐 있더라도 산꼭대기를 향해 한 걸음 더 내 딛는 것을 의미한다. 그것은 비통해하면서 눈물이 흐르도록 내버려둔다는 것을 뜻하고, 사방이 캄캄한 절망으로 둘러싸여 있더라도 계속 해결책을 찾는다는 뜻이지, 또한 다시 한번 심장이 고동치기를, 다시 한번 태양이 떠오르기를 간절히 바라는 희망에 매달린다는 뜻이란다. 산 꼭대기를 향해, 해돋이를 향해, 희망을 향해 내디딘 연약한 한 걸음이 맹렬한 폭풍보다 훨씬 더 강하단다. 계속해서 가거라.

조셉 M. 마셜의 말대로, 나 역시 지난 몇 년간 내 인생에 폭풍처럼 닥친 고난에 대해 용감히 맞서 싸웠다. 다시 일어나고자 몸부림을 쳤다. 그 일어나는 과정에 책이 징검다리가 되었고, 사람들이 희망 비타민이 되어 주었고, 절망적 환경 속에서도 꿈을 버리지 않았다. 그리고 반드시 고난의 파도는 지나간다고 믿었다. 폭풍우 후에 무지개가 뜨듯이, 고난의 파도가 파도처럼 지난 후에 희망이 밀물처럼 밀려옴을 또 경험한다.

유능한 항해사는
바람과 파도를 이용한다.

– 에드워드 기본

66

책의 저자들이 나에게 말을 걸어오다
나를 키운 것은 동네 도서관이었다
내 인생의 고비 고비마다 책이 있었다
모든 위대한 인물들은 책벌레들이었다
조앤 롤링의 인생고백이 나를 작가의 길로 이끌었다
정약용의 고난이 나를 독서와 글쓰기의 길로 이끌었다
도스토옙스키에게서 작가정신을 배운다
책의 힘이 세종의 시대를 조선의 황금기로 만들었다
링컨을 통해 책의 힘을 다시 배운다
책의 힘으로 일어나다

99

제 2 장

책의
힘으로
일어나다

책의 저자들이
나에게 말을 걸어오다

2008년 겨울, 내 인생은 가운데 가장 힘들고 어려운 시기를 지나고 있었다. 추운 겨울 난방도 되지 않는 추운 방에서 누워 죽기를 결심하고 있었다. 어린 딸을 놔두고 죽을 수 없기에 망설일 때 책장에 있는 책들의 제목이 나의 눈에 들어왔다. 책의 저자들이 말을 걸어오는 것이었다. 그동안 나름대로 많은 책을 읽으면서 살아왔지만, 그날따라 책의 저자들이 나에게 말을 걸어오는 것이었다. 책장에 꽂혀있던 1,000여 권의 책들을 하나하나 살펴보았다.

그중에 칼럼니스트 정진홍 씨가 쓴 『완벽에의 충동』이란 책을 꺼내어 읽었다. 제2장, <고난은 신의 선물이다>라고 하는 부분의 이야기를 읽다가 마음에 큰 도전과 다짐을 하게 되었다. 몽고제국의 통치

자였던 징키스칸의 이야기였다. 징키스칸은 태무진 시절 그 어렵고 힘든 시간에 들쥐를 잡아먹으면서 생존했고, 뺨에 화살이 박힌 것을 뽑아내고 살아남았다는 것이다. 심지어는 자기 아내가 적장에게 잡혀가 적장의 아이를 임신한 사실을 알고도 참고 복수의 때를 기다려 결국은 승리했다는 내용이었다. 그러면서 징키스칸은 자신의 인생고백에서 이렇게 고백했다. 내가 나를 극복하고 나니까 비로소 나는 징키스칸이 되었다. 나는 징키스칸의 이야기를 읽으면서 절망 가운데서 나도 다시 살아야겠다는 결단을 하는 계기가 되었다. 그 이후 날마다 책장에 있는 책을 한 권 한 권 읽어가면서 나는 힘을 얻게 되었고, 다시 살아갈 용기를 갖게 되었다.

유대인 랍비가 쓴 『그래도 계속 가라』는 인생의 폭풍 가운데서도 한 걸음 더 앞으로 나아가라고 하는 구절이 큰 힘과 용기가 되어서 어떤 상황과 여건에서도 앞을 향해 나아가고자 했다. 그 후 책을 읽으면서 감동을 받았던 구절을 페이스북에 올리게 되었는데, 그 내용들을 모아서 페이스북 친구들과 함께 책을 출간하게 되었다.

"희망을 향해 내딛은 연약한 한 걸음이
맹렬한 폭풍보다 훨씬 더 강하단다"

"폭풍이 부는 것은 너를 쓰러뜨리기 위해서가 아니라,
사실은 네가 좀 더 강인해지도록 도와주기 위해서란다."

그때의 책 제목을 그러한 의미를 담은 『한 걸음 더』로 하였다. 평안한 때는 잘 모른다. 그러나 인생의 절박한 순간에는 책의 저자들이 나에게 말을 걸어오는 것을 느낀다. 그래서 책의 저자들처럼 우리도 일어나게 된다. 오늘도 우리 곁에 있는 책의 저자들이 우리에게 말을 걸어온다. 어떠한 형편과 상황에서도 일어나 한 걸음 더 앞을 향해 나아가라고.

책의 저자들이 나에게 말을 걸어오다. 이 말은 책을 읽을 때에 절박함으로 대하라는 말이다. 책의 저자들이 그 책을 완성하여 출간하기까지 얼마나 많은 수고를 하였겠는가? 작가 장 파울의 말대로 "인생은 한 권의 책과 같다" 다시 말하면 책 한 권 한 권은 그 저자의 모든 인생 여정의 지혜가 담겨 있으니 귀하다는 말이다. 책을 읽는다는 것은 또한 그 저자와 대화를 하는 것이다. 마치 차를 마시면서 대화를 하듯이 우리를 책을 읽으면서 그 저자와 말을 하는 것이다. 우리가 인생을 살아가면서 겪게 되는 모든 고난은 이미 고난을 겪고 기록해 놓은 저자와의 대화를 통해 지혜를 내 것으로 만드는 것이다.

지금 이 시간 이 책을 읽고 있는 여러분은 저자인 저와 대화를 하는 것이다. 이미 프롤로그에서도 밝혔듯이 나는 지난 몇 년간 겪었던 인생의 시련을 네 가지를 통해서 딛고 일어났다. 책, 사람, 꿈, 믿음의 네 가지를 통해서 나 역시 독자 여러분과 말을 걸고 있는 것이다. 물론 우리가 인생을 살아가면서 겪게 되는 시련의 내용도 다양하고, 그 시련을 딛고 일어나는 방법도 다양할 것이다. 그러나 이 책을 읽고 있는 독자인 여러분은 최소한 저자인 제가 확실하게 시련을 딛고 일어날 수 있었던 네 가지 방법에 대해서는 내 것으로 만들어서 힘차게 일어날 수 있기를 바란다.

책이 없다면 신도 침묵을 지키고,
정의는 잠자며, 자연과학은 정지되고,
철학도 문학도 말이 없을 것이다.
신이 인간에게 책이라는
구원의 손을 주지 않았다면,
지상의 모든 영광은
망각 속에 묻히고
말았을 것이다.

- 리처드 베리

나를
키운 것은
동네 도서관이었다

나는 2009년부터 몇 년 동안 내가 살고 있는 인천공항신도시 영종 도서관에서 꾸준히 책을 보았다. 개인적으로 힘든 일을 경험하면서 그때는 도서관에서 가서 책을 보는 것밖에 할 수 있는 것이 없었다. 아침에 도서관에 가서 저녁 때까지 하루 종일 책을 보았다. 처음부터 체계적으로 계획을 세워 책을 읽은 것은 아니었다. 그냥 영종도서관 2층과 3층의 서가에서 맘에 와 닿는 책들을 계속 읽었다. 지금 생각해 보면 영종도서관에 비치되어 있는 2만여 권의 장서 중에 절반 정도는 본 것 같다.

책을 보면서 내 의식이 변화되기 시작하였고, 자신감이 생기면서 내 마음의 근육도 튼튼해지기 시작하였다. 책을 읽으면서 내 마음의 근육이 절망에서 희망으로 변화되기 시작하였다. 나도 모르는 사이에 책을 읽으면서 내 마음의 저장 탱크에 차곡차곡 희망의 나이테가 쌓여가고 있었다. 그래서 절망과 불안은 희망으로 바뀌기 시작하였고, 나는 차츰 자신감을 되찾기 시작하였다. 당시에 나는 빚은 진 상태에서 매월 많은 이자를 감당해야 하는 힘든 상황에 있었다. 내가 처한 환경은 절망 그 자체였다. 그래서 도서관에 도피해서 책을 보게 된 것이다.

그렇게 힘든 마음이 도서관에서 책을 보는 동안은 편안했다. 아니, 책을 읽어가면서 조금씩 조금씩 자신감이 생기면서 삶에 희망도 다시 살아나기 시작하였다. 역시 책은 힘이 있다. 어느 정도 책을 집중해서 보기 시작하니까 나도 모르게 책이 쓰고 싶어졌다. 그래서 2010년부터는 도서관 1층 인터넷실에서 책을 쓰기 시작하였다. 1층 인터넷실에서 한 자 한 자 써낸 글이 3권의 책으로 출간되었다한 걸음 더, 나는 매일 희망을 보며 행복하다, 아름다움 발걸음. 그리고 지금 첫 단행본을 이곳에서 쓰고 있고, 앞으로도 다산 정약용처럼, 사도 바울처럼, 계속해서 좋은 책을 많이 써 낼 것이다.

우리가 잘 아는 마이크로 소프트사의 창업자 빌게이츠도 말하기를 "나를 키운 것은 동네 도서관이었다"라고 하였다. 하버드 대학의 졸업장보다 동네 도서관에서 본 독서의 힘이 나를 키운 실질적인 힘이라고 하는 말이다. 실제로 빌게이츠가 마이크로소프트사를 창업하고 키우면서 모든 사람들의 책상 위에 컴퓨터를 사용할 수 있도록 한 아이디어의 힘은 도서관에서 본 수많은 책의 힘에서 나왔을 것이다. 빌 게이츠는 어린 시절 아버지와 함께 동네 도서관에서 수많은 책들을 읽으며 꿈을 키웠고, 그 책의 힘이 자양분이 되어서 그러한 창조적인 일들을 할 수 있었을 것이다.

빌게이츠뿐만아니라 수많은 발명품을 남긴 발명왕 에디슨 역시 도서관이 만든 사람이었다. 에디슨은 어린 시절 디트로이트에 있는 집 근처의 도서관에서 도서관에 있는 거의 모든 책들을 다 읽었다고 한다. 그래서 에디슨은 고백하기를 "나는 동네 도서관을 통째로 읽었다"라고 고백하였다. 어린 시절부터 동네 도서관에서 읽은 수많은 책들이 아이디어의 원천이 되어서 에디슨 역시 그러한 큰 발명의 사람이 되지 않았나 싶다.

내가 아는 『나는 도서관에서 기적을 만났다』의 저자 김병완 작가의 경우도 그렇다. 그는 삼성에서 11년간 휴대폰 연구원으로 일하다가 사표를 내고 무작정 부산으로 내려가 3년간 도서관에서 만여 권의 책을 읽었다고 한다. 도서관에서 꼬박 3년간 책을 읽고 나니까 의식의 변화가 생기고 자신감이 생기면서 책을 쓰기 시작하였다.

2015년 8월 현재 56여 권을 출간하였고 계속해서 책을 쓰고 있다. 얼마 전 내게 이런 문자를 보내왔다. "저의 55번째 책이 출간되었습니다. 많이 홍보해 주십시오." 맞는 말이다. 도서관에서 기적을 만났다고 하는 그의 고백대로, 도서관에서 만난 만여 권의 책이 그를 위대하게 만들었고, 그 힘으로 또 좋은 책들을 많이 쓰게 되었을 것이다. 그러한 의미에서 도서관은 기적을 만드는 장소임에 틀림이 없는 것 같다.

나를 키운 것도 동네 도서관이었다. 빌게이츠의 말이 이제는 나의 말이 되었다. 나는 한 걸음 더 나아가 이 땅의 모든 사람들이 나를 키우는 장소로 도서관을 이용하기를 소망한다. 어떠한 의미에서 보면 도서관은 우리의 삶에 꿈을 키워주는 최고의 장소가 아닌가 싶다. 학생도, 주부도, 직장인도, 은퇴하여 인생 2막을 준비하는 장년들에게도 도서관은 꿈을 만들어주는 꿈의 충전소가 될 것이기 때문이다.

나는 내가 이용하는 영종도서관에 고마운 마음에 내가 쓴 책들을 기증하였다. 얼마 전 책을 기증하고 나서 차를 마시며 대화를 하는데 도서관장님이 이런 말을 하신다. "도서관은 가로등과 같다"라는 말을 하신다. 그 말을 들으면서 나는 생각한다. "내 안에 책의 향기로 가득 차면 나의 삶도 자연스럽게 가로등처럼 빛을 발하는 삶이 되겠구나" 하는 생각을 하게 되었다.

이 책을 쓰면서 도서관과 관련해서 꿈을 꾸어 본다. 내가 쓰고 있는 책들이 전국의 도서관의 서가에 꽂히게 되기를 꿈꾸어 본다. 그리고 이 땅의 많은 사람들이 어렵고 힘들 때 도서관에서 책을 통해서 희망을 발견하게 되기를 꿈꾸어 본다. 나는 계속해서 책을 쓰고 내가 쓴 책들이 도서관의 서가에 마다 꽂히고, 그리고 도서관에서 나의 삶에 희망을 주었던 책과 꿈 그리고 희망의 이야기를 나누고 싶다. 이 글을 쓰는 순간 그런 소망과 감사와 함께 다시 한번 고백을 한다. 나를 키운 것은 동네 도서관이었다. 내가 사는 마을에 도서관과 책이 있어서 고맙다. 도서관 덕분에 내 인생의 키가 한 뼘이나 크게 자랐다.

오늘의 나를 있게 한 것은
우리 마을의 도서관이었다.
하버드 졸업장보다 소중한 것이
독서하는 습관이다.

– 빌 게이츠(Bill Gates)

인생의
고비 고비마다
책이 있었다

『이탈리아 통일 3걸전』, 나를 통일에 관심을 갖도록 이끌어준 책이다.

초등학교 5학년 때 학교에서 빌려다 읽은 책인데, 육영수 여사가 창간한 어깨동무사에서 부록으로 발간한 책이었다. 당시 내가 다니던 학교는 경기도 김포의 애기봉 밑에 있는 최전방의 학교로 늘 북한 방송이 들리고 삐라가 떨어지는 그런 곳이었다. 민통선 마을의 시골 학교인데 내가 다니던 금성초등학교 5학년 담임이시던 한용 선생님이 반에다 책을 비치해놓고 읽게 하였다. 평생 책 읽는 습관을 들일 수 있도록 이끌어 주신 담임 한용 선생님께 감사를 드린다. 그때는 몰랐지만 민통선 마을에서 초등학교 5학년 때 읽은 그 책이 무의식 중에 영향을 주었다.

최근에 극동방송에서 <통일을 앞당겨 주소서> 프로그램을 진행하면서 다시 읽어 보았다. 초등학교 5학년 때 그 책을 읽을 때는 미처 그 뜻을 다 알지 못했지만, 요즘 통일 관련 프로그램을 진행하면서 느껴지는 것은 이탈리아 통일이 준비된 정치지도자 카부르, 군사지도자 가리발디, 정신지도자 마찌니의 연합된 힘으로 이루어졌음을 알게 되었다. 이제 가까이 다가온 한반도의 통일도 정신 지도자인 마찌니, 군사 지도자인 가리발디, 정치 지도자인 카부르가 연합하여 이탈리아 통일을 이루어 냈듯이 우리가 힘을 합한다면 이루어지리라 생각한다.

　특별히 나는 정신 세계를 다루는 사람으로서 마찌니처럼 앞으로 대한민국의 통일을 이루어 가는 데 사상적 기반을 다지는 데 역할을 해야겠다는 다짐을 하게 된다. 독일 국민이 어려울 때 <독일 국민에게 고함>이라는 연설을 외쳤던 피히테처럼, 나라의 지도자를 키우고 세워갔던 사무엘처럼, 이 시대의 마찌니 같은 사상가가 되어서　대한민국이 통일 대한민국을 이루는 데 기여하고 싶다.

　『케말 파샤전』, 터키 건국의 아버지인 아타투르크의 일대기이다.
　이 책 역시 초등학교 5학년 때 읽은 책이다. 케말파샤는 군인이었지만, 그리스와의 전투에서 승리하면서 터어키 영토를 지켜내고, 오늘날의 터어키가 있게한 건국의 아버지이다. 어린 시절에 『케말 파샤전』을 읽으면서 늘 케말 파샤의 나라 터어키에 한번 가서 케말 파샤의 삶의 흔적을 따라가 보고 싶었다.

드디어 어린 시절의 꿈이 이루어졌다. 2007년 터어키를 방문하여 아타투르크 궁전을 보게 되었다. 그때 웅장하게 지어놓은 아타투르크 궁전을 보면서 무척 감동을 받았고 부러운 마음이 들었다. 특히 아타투르크 궁전 내부에 아타투르크가 소유하고 보았던 수많은 장서들을 보면서 그의 개혁과 사상이 책에서 나온 힘이었음을 확인하게 되었다.

케말 파샤는 군인으로 출발해서 터키의 국가 지도자가 되어 터키를 개혁해서 발전할 수 있는 기반을 마련한 인물이다. 그에 대한 평가는 독재자라는 평가와 국가를 발전시켰다는 두 가지 평가이다. 그러나, 터키 국민들은 웅장한 규모의 아타투르크 궁전을 지어 그의 업적과 삶을 기리고 있다. 우리도 터키 국민들처럼 국가적 지도자들에 대해 스스로 자부심을 세우고 지켜가야 하지 않을까 싶다.

『뜻으로 본 한국역사』, 한반도의 분단은 신이 낸 시험문제이다.
1978년 청계천 고서점에서 우연히 발견하여 읽게 된 책이다. 그 당시 나는 재수생의 신분이었고, 저자가 어떤 분인지도 전혀 몰랐다. 그냥 역사에 좀 관심이 있고, 헌책방이라 가격이 저렴해서 그 책을 읽게 되었다. 아마도 단돈 천 원인가에 그 책을 샀던 것 같다. 일제시대인 1934년에 쓰기 시작하여 『성서조선』에 연재한 책인데, 함석헌은 우리나라를 가리켜 "대륙을 부여잡고 사자가 포효하는 모습"이라고 하였다. 일제가 우리나라를 "토끼가 웅크리고 있는 모습"이라고 하는 말과는 반대되는 기상이 있는 말이었다.

박홍규는 최근 발간한 책 『함석헌과 간디』에서 "『뜻으로 본 한국역사』는 20세기에 나온 한국 책 중에서 가장 위대한 책으로 꼽힌다고 하였다. 그런 책을 쓴 것만으로도 그는 우리 역사에 가장 위대한 사람 축에 든다. 그는 현대사를 창조했다."라고 하였다. 나는 대학교 1학년 때 함석헌의 이야기를 직접 들은 기억이 있다. 흰 두루마기를 입은 모습에 쩌렁쩌렁 외치면 그의 예언자적 모습이 떠오른다.

더구나 책의 마지막 장에 "우리 민족에게도 세계적인 사명이 있다"라고 하는 부분에 큰 감명을 받았다. 이미 나라는 일제에 먹혀 식민지가 되었는데, 함석헌은 "우리 민족에게도 세계적 사명이 있다"고 절망 속에서도 희망을 노래하였다. 나는 『한국인의 시대가 온다』로 제목을 잡아놓고 출간을 준비하고 있는 책을 함석헌의 『뜻으로 본 한국역사』에서 영감을 받아서 쓰게 되었다.

『사도 바울의 옥중서신』, 나는 신약 성경 중에서 바울의 옥중서신을 좋아한다. 에베소서는 교회의 본질을 깨닫게 해주어서 좋고, 빌립보서는 고난 가운데서도 기쁨을 가지고 주님을 섬길 수 있는 은혜의 내용들이 좋고, 골로새서는 예수 그리스도가 누구신지를 바울을 통해서 정확히 알 수 있어서 좋다. 니체, 샤르트르, 하이데거, 쇼펜하우어 등 철학자들의 사상에 빠져있던 내게 예수 그리스도가 누구인지를 정확히 알게 해준 책이 바울의 옥중서신이다. 그러한 의미에서 바울의 옥중서신인 에베소서, 빌립보서, 골로새서는 나를 예수님께로 데려다준 인생 네비게이션인 셈이다.

『완벽에의 충동』, 칼럼니스트 정진홍의 책이다. 특히 제2장의 <고난은 신의 선물이다>라는 부분에서 내 인생이 힘들고 어려울 때 큰 용기를 얻었다. "가혹한 시련이 나를 단련한다"라고 고백하며 인생의 시련을 극복하고 일어난 징키스칸의 인생고백이나, 오프라 윈프리, 아브라함 링컨, 리차드 닉슨 등의 역경을 딛고 일어난 이야기들이 내게 다시 일어날 수 있는 용기와 희망을 주었다.

『그래도 계속 가라』, 유대인 랍비가 쓴 책이다. "폭풍이 몰려오는 것은 너를 쓰러뜨리려고 하는 것이 아니라, 오히려 너를 강하게 하기 위함이다"라고 하는 구절이 특히 마음에 와 닿은 책이다. "앞을 향하여 내딛은 한 말이 어떤 폭풍우보다 강하다"라는 구절도 내가 힘들고 어려워 한 걸음도 내딛을 수 없을 때, 한 걸음 더 발걸음을 떼게 한 구절이다.

위에 열거한 몇 권의 책들 외에 수많은 책들이 내 인생의 순간순간마다 내 인생 여정을 이끌어 왔다. 그러한 의미에서 이디스 해밀턴

Edith Hamilton의 말은 참 설득력이 있다. "지독한 절망에 빠진 자에게 한 권의 책은 언제나 고통을 치유해주는 신비한 능력이 있다. 인간은 누구나 삶의 전환점에 한 권의 책을 손에 쥐고 있다." 케네디가 갑자기 암살로 죽고 나서 동생 로버트 케네디는 인생의 큰 좌절과 절망을 겪었다고 한다. 그동안 믿고 의지하던 형이 갑자기 죽었기 때문이었다. 그때 형수인 제클린이 로버트 케네디에게 건네준 책 한 권『고대 그리스인의 지혜』가 로버트 케네디를 다시 일으켰다고 한다.

저자의 입장에서 당신이 지금 읽고 있는 이 책이 당신을 새롭게 일으키는 데 사용되는 책이 되기를 바란다. 나의 지난 30여 년의 독서 여행을 생각해 볼 때 확실히 책에 투자하는 것은 최고의 투자이다. 책은 힘이 있고 끝이 좋다. 내 인생의 방향을 찾고자 할 때 고비 고비마다 책이 있었다. 이 부분을 읽으면서 여러분이 이런 다짐만 할 수 있다면 저자는 만족한다. "나도 내 인생의 고비 고비마다의 고민들을 진리의 창고인 책에서 답을 얻어야 하겠구나"하는 다짐 말이다. 인생의 고비 고비마다 만난 책들이 내 인생을 이끌어 준다.

지독한 절망에 빠진 자에게
한 권의 책은 언제나 고통을 치유해주는
신비한 능력이 있다.
인간은 누구나 삶의 전환점에
한 권의 책을 손에 쥐고 있다.

– 이디스 해밀턴(Edith Hamilton)

모든 위대한 인물들은
책벌레들이었다

내가 30년을 다닌 서울의 한 서점 입구에는 이러한 문구가 새겨져 있다. "사람은 책을 만들고 책이 사람을 만든다." 책으로부터 얻는 간접 경험은 우리의 삶을 풍요롭게 한다. 책을 통해서 만나는 무한한 세계는 창의력과 영감의 원천이 된다. 책은 최고의 1%의 인물로 키워준다. 서양 격언에 "성공한 사람들은 모두 독서가들All Leaders are Readers"이라는 말이 있다. 나의 지금까지의 삶도 책이 만들어온 삶이었음을 고백한다.

삼성 그룹의 이건희 회장은 매월 평균 20권의 책을 읽는다고 한다. 몇 해 전 방영됐던 <성공시대>란 프로그램에 출연한 주인공들의 공통점도 모두 책을 즐겨 읽는 독서의 사람들이었다. 미국의 대통령을 지낸 벤자민 프랭클린은 종교학자 커튼 메더의 자전적 저서인『선을 담은•수상집』을 읽고 남에게 도움을 주는 인생으로 바뀌었고, 마틴 루터는『얀 후스의 저작』이라는 책을 통해 종교개혁이라는 엄청난 일에 일생을 바칠 수 있었고, 현대 선교의 아버지로 불리는 윌리암 케리는『쿠크 선장의 항해』에 관한 책을 읽고 숭고한 선교적 인생에 뜻을 세웠다고 한다.

안중근 의사는 "하루라도 책을 읽지 않으면 입에 가시가 돋는다"는 말을 남겼고, 벤자민 프랭클린은 "독서는 정신적으로 충실한 사람을 만들고, 사색은 사려 깊은 사람을, 글쓰기는 확실한 사람을 만든다"고 했다. 또한 영국의 계관시인 윌리암 워즈워드는 "책은 한 권 한 권이 하나의 세계다"라고 했다. 시성 두보는 "사람은 모름지기 다섯 수레의 책을 읽어야 한다"고 했다.

유럽을 평정한 나폴레옹은 전쟁터에서도 말 위에서도 책을 읽은 독서광이었다. 그가 52년간 읽은 책은 8,000여 권이나 된다고 한다. 나폴레옹이 전쟁광이 아닌 영웅으로 남을 수 있었던 것은 대문호 괴테와 함께 음악가 베토벤을 매료시켰을 정도로 빼어난 학식과 교양, 예술적 감각이 있었기 때문이었다. 어린 시절 학교생활에 적응하지 못했던 윈스턴 처칠 영국 총리는 "나의 가장 큰 즐거움은 책읽기였다"고 술회하였다. 처칠은 철학, 경제, 정치학 등 고전 독서를 통해 훗날 격조 높은 문장과 연설문을 남겼고,『세계의 위기』,『제2차 대전 회고록』등을 저술해 정치인으로는 극히 드물게 1953년 노벨 문학상을 받았다.

1997년 게이츠 도서관 재단을 설립한 빌 게이츠 마이크소프트MS사 회장은 바쁜 일과 중에도 매일 밤 한 시간씩, 주말에는 두 시간씩 책을 읽으려고 노력하고 출장 때마다 책을 꼭 챙긴다고 한다. 빌게이츠는 "나를 키운 것은 동네 도서관이었다"라고 했다. 빌게이츠는 역사나 사상에 관한 폭넓은 책읽기를 바탕으로 세상을 앞서갈 소프트웨어의 필요성과 구조를 고안해 냈다. 만약 그가 단순한 엔지니어였다면 그는 실리콘밸리에 넘쳐나는 다른 사람과 다를 바 없는 월급쟁이였을 것이다.

오프라 윈프리는 미국에 독서 열풍을 일으킨 주역이다. 흑인 빈민가 출신으로 14살에 임신을 하고 20대에 마약에 빠져 방황하면서 자칫 인생의 낙오자로 전락할 위기에 처했지만, 고난을 극복한 흑인 여성의 삶을 다룬 소설을 읽으며 성공을 다짐했다. 지금은 미국 500대 기업을 이끄는 5명의 여성 CEO 중 한 사람으로 아메리칸 드림을 이룬 성공한 여성 경영인의 대명사로 꼽힌다. 오프라 윈프리는 자신이 책 덕분에 인생을 개척할 수 있었던 만큼 자신의 토크쇼와 잡지 등을 통해 남다른 열정을 가지고 책 전도사로 나섰다.

우리 역사의 인물 중에 독서의 중요성을 몸소 보여주신 분은 아마 세종대왕일 것이다. 세종의 독서방법은 인간의 한계를 초월한 치열함으로 요약된다. 그의 독서법은 백독백습, 즉 100번 읽고 100번 필사하는 것이었다. 실제로 그가 왕자 시절에 동양고전을 백독백습 하다가 병에 걸리기까지 했다는 일화는 우리 모두가 잘 알고 있다. 왕위에 오르고서도 그의 치열한 독서는 그칠 줄 몰랐다. 그는 왕이 신하들과 함께 인문고전을 읽고 토론하는 경연을 가장 많이 연 임금 중 한 명으로 기록되고 있는데, 태조가 23회, 태종이 80회 열었던 경연을 1,898회나 열었다고 한다. 249권에 달하는 [자치통감]의 경우 경연에서 3년 동안 강독했을 정도였다고 한다.

조선 실학을 학문적으로 집대성한 대학자이며 520여 권의 저서를 남긴 다산 정약용의 경우 유배지에서의 18년 동안을 독서로 학문을 체계화하고 520여 권의 저서를 남겼던 것이다. 그는 이런 독서에 관한 고백을 남겼다. "유배지에 도착해서 방에 들어가 창문을 닫고 밤낮으로 혼자 외롭게 살았다. 나에게 말을 걸어주는 사람 하나 없었기 때문이다. 그러나 나는 오히려 그런 상황이 고마웠다. 그래서 이제야 독서할 여유를 얻었구나 하면서 기뻐했다." 다산에게 독서는 패가망신한 자신의 처지를 도리어 행운으로 여기게 할 정도로 소중한 것이었다. 그는 독서를 자기 자신보다 더 귀하게 여긴 사람이었다.

나 역시 어린 시절부터 책을 좋아하고 책을 늘 가까이하면서 살아왔다. 그러나 지난 몇 년의 고난은 책의 소중함과 책의 힘을 몸으로 깨달은 시간이었다. 물이 100도씨에 끓는 것처럼 집중 독서의 힘이 내 내면을 끓게 만들었다. 인생의 점화 장치가 폭발했다. 1만 시간의 집중 시간의 원리처럼, 집중 독서가 제 마음에서 힘을 발휘하기 시작했다. 책을 읽고 제 내면이 채워져 가니까 책이 쓰고 싶어져 책을 쓰기 시작하였다. 책이라고 하는 것이 그렇게 힘이 있고 매력을 주는 인생의 도구가 되는 것이라는 것을 드디어 깨닫게 되었다.

그것은 지난 몇 년간 집 근처 도서관에서 만 권 정도의 책을 읽고 나서부터였다. 처음에는 이 책 저 책 마구 읽었지만, 어느 정도 시간이 지나면서부터는 노트에 중요한 부분을 옮겨 적으면서 체계적으로 독서를 하게 되었고, 그렇게 책을 읽으면서 메모한 노트가 대학노트 분량으로 20권 정도가 되었다. 그리고 도서관을 내 집처럼 사용하면서 쓴 글을 3권의 책으로 출간하였다. 앞으로 2015년 가을에도 여러 권의 책을 출간할 예정이고, 2016년에는 축적된 책의 힘으로 더 많은 책들을 계속해서 출간할 것이다. 빌 게이츠, 에디슨 등을 키운 것이 동네 도서관이었듯이 고난의 시간에 나를 키운 것은 집 근처의 도서관이었다. "모든 위대한 인물들은 모두 다 책벌레들이었다"고 하는 말은 맞는 말이다.

"당신이 선택한 분야에서 일주일에 한 권씩 책을 읽는다면 10년 후에 총 500권이 넘는 책을 읽는 셈이 된다. 그 독서량은 당신을 당신 분야에서 최상의 1%에 해당하는 인물로 만들 것이다."-짐론

사람이 책을 만들고
책이 사람을 만든다.

– 신용호

*
책의 **힘**으로 일어나다

조앤 롤링의 인생고백이
나를 작가의 길로 이끌었다

2008년 5월 미국 하버드대학 졸업식에서는 <해리포터>시리즈의 작가 조앤 롤링이 졸업 축사를 하였다. 그녀는 성공의 상징처럼 보이는 하버드 졸업생들에게 "삶의 가장 밑바닥이 인생을 새로 세울 수 있는 가장 단단한 기반"이라고 말했다. 조앤 롤링은 대학을 졸업하고 7년 동안 엄청난 실패를 겪었다. 결혼에 실패한 '싱글맘'의 삶은 너무나 곤궁했고, 추락은 끝없이 이어졌다. 아무리 노력해도 꿈쩍 않는 삶의 질곡 속에서 그녀는 끝없는 추락을 끝내고 싶은 나머지 자살을 시도했다. 하지만 삶이 모진 만큼 살고자 하는 욕망 또한 질기게 마련이었다. 특히 어린 딸을 놔두고 죽을 수 없었기에 그녀는 바닥을 치고 다시 일어났다.

다시 살기로 작정한 그녀는 자신을 독하게 추스렸다. 친구로부터 600파운드를 빌려 세든 에든버러의 허름한 임대 아파트에서 우울증과 싸우며 이야기를 써내려갔다. 마법소년 해리포터 이야기였다. 물론 생활고를 이겨내기 위해 쓰기 시작한 것이지만, 한편으론 동화책 한 권 사 줄 수 없는 형편에 스스로 어린 딸에게 해줄 이야기를 쓰는 엄마가 되기로 작정한 까닭도 있었다. 조앤은 우는 아이를 재워두고 혹은 유모차에 태워 집 앞의 카페나 공원에 가서 글을 쓰며 <해리포터>시리즈의 첫 권인 『해리포터와 마법사의 돌』을 탈고했다. 그녀의 해리포터 시리즈는 1997년 6월 26일 출간되자 마자 마치 마법처럼 세상을 뒤흔들었다.

끼니를 걱정해야 했던 조앤 롤링은 <해리포터>시리즈의 대박으로 자그마치 5억 4500만 파운드, 한화로 1조 850억 원의 거부가 되었다. 그녀는 포브스지 선정 세계 부자순위 500위권에 올랐고, 영국 여왕보다 더 큰 부자가 되었다. 하지만 그녀가 하버드 졸업식장에 서서 축사를 할 수 있었던 진짜 자격은 대박을 낸 작가이거나 억만장자가 됐기 때문이 아니었다. 바닥을 치고 일어섰기 때문이다. 그녀는 성공신화로 무장한 채 바닥을 칠 일은 아예 없어 보이는 하버드 졸업생에게 진짜 성공하고 싶거든 바닥을 치고 일어서라고 했다. 세상에서 가장 센 사람은 바닥을 치고 일어난 사람이기 때문이다.

나는 작가가 되는 밑바닥 정신을 조앤 롤링Joanne Kathleen Rowlling을 통해서 배웠다. 그녀가 그 어려운 인생의 밑바닥에서 온갖 역경을 물리

치고 해리포터를 완성해가는 모습 속에서 글쓰는 작가로서의 의지를 배웠다. 조앤 롤링과 비슷한 인생의 밑바닥을 겪으면서 나는 조앤 롤링의 삶의 의지로부터 배우면서 글을 계속 쓰는 작가가 되고자 굳게 다짐을 하게 되었다.

내가 조앤 롤링에게 배운 열 가지 비결은 다음과 같다.

1. 상상력을 마음껏 즐겨라
2. 보물 지도 같은 꿈을 지녀라
3. 다양한 지식을 쌓아라
4. 언제 어디서나 영감을 얻어라
5. 시련을 받아들이고 이겨내라
6. 두려워 말고 용기를 가져라
7. 절대 좌절하지 말라
8. 일에 대한 열정을 가져라
9. 자신을 믿고 인내심을 키워라
10. 목표를 정하고 두려움을 극복하라

조앤 롤링은 나에게 글쓰기의 도전을 준 멘토이다. 절망의 밑바닥에서도 포기하지 않고 글을 쓰는 정신을 가르쳐 주었다. <해리포터> 시리즈를 완간한 조앤의 인내와 용기가 내게 잠재되어 있던 글쓰기의 재능을 일깨워 주었다. 바닥을 딛고 일어난 조앤 롤링의 용기가 나를 글쓰는 작가로 만들었다. 조앤 롤링을 통해서 배운 정신은 "바닥을 치고 일어난 사람이 가장 강한 사람이다"라는 바닥정신이다. 나는 앞으로도 계속해서 바닥정신을 가지고 글을 써나갈 것이다.

시련과 고통을 통해서만 강한 영혼이 탄생하고,
통찰력이 생기고, 일에 대한 영감이 떠오르며,
마침내 성공할 수 있다.

– 헬렌 켈러

정약용의 고난이
나를 독서와 글쓰기의 길로
이끌었다

    내가 다산 정약용에 대해서 알고 있는 지식은 조선 후기의 실학을 집대성한 인물이고, 목민심서를 쓴 사람이라는 것 정도였다. 사람은 확실히 고난을 겪을 때 확실히 만들어지는 것이 맞는 말이다. 다산의 삶이 그것을 증명한다. 내가 다산 정약용을 깊이 이해하게 된 것은 나도 인생의 고난을 겪으면서 다산 정약용이 강진에 유배되어 있으면서 겪었을 고난에 깊은 공감을 했기 때문이다. 역설적인 말이지만 정조가 일찍 죽지 않고 조정에서 부귀영화를 누리고 살았으면 그 많은 책을 쓰면서 실학의 사상을 집대성할 수 있었을까? 아닐 것이다. 그러한 의미에서 다산 정약용이 겪은 강진 유배 18년이 다산을 위대한 사상가로 만들었을 것이다.

다산 정약용1762-1836은 조선 후기 실학의 대가이다. 하지만 그는 신유사옥에 연루되어 1801년부터 18년 동안 유배지에서 귀양살이를 하였다. 나이 마흔에 귀양살이를 시작해서 쉰 일곱 되던 해에야 다시 고향으로 돌아올 수 있었다. 그 유배생활을 통해 다산은 『경세유표』, 『목민심서』 등 520권의 책을 지었고 결과적으로는 조선실학의 대계를 세우게 되었다. 그러나 개인적으로는 참으로 불행하고 안타까운 삶의 연속이 아닐 수 없었다. 그는 유배지에 묶여 있으면서 자식과 형제의 부음을 들어야 했고, 부인은 물론 어린 자식들과도 떨어져 지내야 했기 때문이다.

이러한 절망에 놓인다면 누구든지 자포자기하였을 것이다. 그러나 다산은 달랐다. 다산은 모함과 유배의 고난 길에서 자신을 돌이켜보고 주어진 환경 속에서 백성을 위해 자신이 해야 할 일이 무엇인지 찾고자 하였다. 그리고 관념이 아닌 현실 속에서 해답을 만들어 내고자 실천하였다. 강진에서 세운 다산의 목표는 성호 이익과 퇴계 이황의 학문세계를 사숙하는 것이고, 비전은 자신이 가진 지식과 경험을 백성들이 편하게 활용할 수 있도록 하는 것이었다. 다산은 강진에서 자신이 배운 지식을 가지고만 있는 것이 아니라 지혜로 활용할 줄 아는 실학인이 되겠다는 비전을 세운 것이다. 다산은 자신의 비전을 이루기 위해 18년 동안 유배생활을 하면서 520여 권에 이르는 엄청난 저술을 남겼다. 그의 도전은 죽을 때까지 멈추지 않고 왕성한 저술 활동을 하였다.

또한 다산의 유배지에서 있으면서 가족 사랑은 남달랐다. 정약용은 부인 홍씨에게서 모두 6남 3녀를 낳았지만 유배생활 이전과 초기에 네 아들과 딸 하나를 잃는 슬픔을 맛봐야 했다. 유배 초기였던 1802년 겨울 넷째아들 농아가 죽었다는 소식을 접하고는 아들의 무덤에 넣어 묻어줄 광지를 써 보내기도 했는데 "농아광지"가 바로 그것이다. 그렇게 해서라도 자기보다 앞서 간 어린 아들을 마음에 묻은 것이다. 결국 살아남은 아이는 2남 1녀 뿐이었다. 다산이 강진에 유배될 때 큰 아들 학연은 18세였고, 작은 아들 학유는 15세였다. 한창 아버지를 필요로 할 나이에 아이들과 떨어져 있을 수밖에 없는 처지였기에 다산은 각별한 마음으로 아이들에게 편지를 부쳤을 것이다.

유배생활 10년째 되던 어느 날, 부인 홍씨가 마음의 정표로 시집올 때 입고 왔던 연분홍 치마를 보내왔다. 비록 세월이 흘러서 빛바랜 치마였지만 정약용에게는 부인의 마음이 고스란히 전해졌다. 정약용은 그 빛바랜 치마를 잘라서 두 아들에게 경계의 말을 적은 책자의 표지를 배접하는 데 썼다. 그리고 남은 치마폭에는 윤창모에게 시집간 딸을 떠올리며 그 위에 새 그림을 그리고 가족의 화목을 희구하는 시를 적어 보냈다. 오랜 귀양살이로 제대로 아비 노릇을 하지 못한 것에 대한 미안함과 딸에 대한 애틋한 사랑이 고스란히 담긴 것이었다. 다산 정약용은 위대한 사상가로 우리에게 기억된다. 그러나 그의 진정한 인간성의 한 단면은 18년간의 유배생활 속에서도 가족에 대한 사랑을 간직했다는 사실에 있었다.

이렇듯 다산 정약용을 통해서 배울 수 있는 교훈은 가족에 대한 사랑과 함께 유배지에서도 포기할 줄 모르는 강한 열정과 뚜렷한 비전이었다. 다산은 자신의 삶을 통해서 후세를 사는 우리들에게 절망이 있더라도 포기하지 말고 비전을 가지고 도전하라는 가르침을 주고 있다. 다산이 절망을 극복하고 후세의 사람들에게 존경을 받는 것은 역경 가운데서도 큰 비전을 가지고 있었기 때문이다. 다산은 우리에게 최악의 역경 가운데서 최선의 결과를 남긴 삶의 발자취를 남겨주었다.

　내가 다산 정약용을 통해서 배우는 것은, "고난과 역경의 시간을 창조적 발전의 시간으로 승화시킨 희망의 사람이었다"는 사실이다. 나는 다산 정약용에 대해서 예전에는 잘 몰랐지만, 이제는 그가 겪었던 강진 유배 18년의 세월이 나의 일처럼 마음에 와 닿는다. 그리고, 다짐도 하게 된다. 다산 정약용이 모진 세월을 독서의 힘으로 이기고 수많은 저술을 남겼던 것처럼, 나 역시 좋은 책들을 많이 남기는 삶을 살고자 한다.

부지런히 기록하라. 쉬지 말고 적어라.
기억은 흐려지고 생각은 사라진다.
머리를 믿지 말고 손을 믿어라.
기록은 생각의 실마리다.
기록이 있어야 기억이 복원된다.
습관처럼 적고 본능으로 기록하라.

– 다산 정약용

도스토옙스키에게서
작가 정신을 배운다

　도스토옙스키Fyodor Mikhailovich Dostoevskii, 1821-1881는 세계에서 가장 위대한 작가로 꼽히고 있는 대문호이다. 그의 작품은 인간이 가지고 있는 궁극적인 문제를 주로 다루면서 인간심리의 내면을 비상할 정도로 극한까지 파헤쳐 들어가 예리하게 묘사함으로써 현 개인의 사상과 문학에 깊은 영향을 미쳤다. 도스토옙스키가 대 문호로 탄생하게 된데는 28세 때 겪은 참담한 사건이 있었다. 1847년 그는 "유토피아 사회주의자"단체인 "페트라세프스키회"에 참여해서 정치적인 토론을 벌이고 있었다. 그러나 꿈을 펼쳐 보이기도 전에 그 단체는 당국에 의해 발각되었고 도스토옙스키는 동료 33인과 함께 체포되어 농민반란을 선동했다는 혐의로 사형선고를 받았다.

1849년 12월 그는 상트페테르부르크 광장의 사형 집행에 서게 되었다. 그의 얼굴은 두건에 씌어졌고 병사들의 소총이 그의 가슴을 겨누고 있었다. 그는 여섯 번째였고 이미 세 사람은 사형대의 기둥에 묶여 있었다. 눈앞이 캄캄하고 온몸이 공포로 조여들어오는 소름끼치는 그 순간 도스토옙스키는 하늘을 우러르며 맹세했다.

"만약 내가 여기서 살아 나간다면 남은 인생의 1분 1초도 허비하지 않겠다."

그는 마지막 5분간 지나온 인생을 돌아오며 다짐을 하고 있었다.

그는 헛된 희망이라는 것을 알았지만 희망의 끈을 놓지 않았다. 그는 땅 위에서 살아있을 시간을 계산해 보니 꼭 5분이 남아 있었다. 그래서 그는 아는 사람들에게 최후의 인사를 하는 데 2분, 오늘까지 살아온 생활과 생각을 정리하는 데 2분, 그리고 발을 붙이고 살던 땅과 자연을 돌아보는 데 나머지 1분을 쓰기로 했다. 그때 기적이 일어났다. 마차 한 대가 광장을 가로질러 오더니 관리가 뛰어내리며 소리쳤다.

"사형을 중지하라. 황제의 명이다. 사형을 중지하라."

죽음을 목전에 두고 있다가 총살형을 면하고 다시 살아난 그는 4년 동안 시베리아에서 유형생활을 해야 했다. 유형생활은 살을 에는 혹한 속에서 무려 5kg에 달하는 쇠사슬을 다리에 매달고 다니는 혹독한 고문과도 같은 것이었지만 그는 다시 태어난 삶을 값지게 준비하는

책의 힘으로 일어나다

시간으로 삼았다. 시베리아에서 그에게 허락된 것은 『신약성서』 한 권이었다.

허락된 신약성서는 그의 영혼을 새롭게 하였고, 감옥은 굴욕당하고 상처입은 사람들을 더 깊이 연구하는 데 필요한 자료를 풍부하게 제공해준 더할 나위 없는 스승이요, 도서관이 된 셈이다. 글쓰기가 허락되지 않았기 때문에 머릿속으로 소설을 써서 그것을 모조리 외워 두었다. 그는 시베리아 옴스끄감옥에서 4년을, 그리고 출옥 후 5년간 중앙아시아에서 사병으로 근무하고 1859년 말 10년 만에 수도 페테르부르크로의 귀환이 허락되어 자유의 몸이 되었다.

그때부터 도스토옙스키는 죽는 날까지 미친 듯한 열정으로 글을 쓰기 시작했다. 유형생활 10년 만에 돌아온 그는 혁명가가 아닌, 깊은 신앙심으로 러시아와 서구를 물질문명으로부터 구원해야 한다는 신념으로 글을 쓰게 되었다. 그는 도시의 뒷골목과 지하실의 사람들, 가난한 학생, 하급 관리들, 학대받고 고통받는 사람들, 그들의 고뇌를 치밀하게 묘사하면서 세계 문학 사상 가장 위대한 작품으로 꼽히는 "죄와 벌, 카라마조프의 형제들" 등 대작을 잇달아 내놓았다. 대 문호 도스토옙스키를 만든 것은 젊은 날 사형 집행장에서의 결단의 5분이었다. 그는 지금도 러시아뿐 아니라 세계 문학사에 꺼지지 않는 불꽃으로 활활 타오르고 있다.

내가 도스토옙스키를 통해서 배우는 점은, 젊은 날의 아픔과 고난을 일평생 위대한 작가가 되는데 보약이 되었다는 사실이다. 도스토옙스키는 시베리아 유형을 가기 전에도 글을 쓰는 작가였다. 그러나 도스토옙스키는 고난의 세월을 겪으면서 달라졌다. 시베리아 유형의 4년을 혹독하게 겪으면서 인간 내면의 죄와 악을 깊이 통찰할 수 있는 작가로 거듭났다. 도스토옙스키가 시베리라 유형을 마치고 발표한 소설 『죄와 벌』은 그야말로 인간의 내면을 깊이 통찰하고 해부한 글이라는 평가를 받는다. 도스토옙스키에게서 성경에 바탕을 두고 인간의 내면을 예리하게 묘사해 내는 작가 정신을 배운다.

성공은 투쟁 속에서 고난을 극복할 때 온다.
인생에서 고난이 없다면 성공도 없다.
벗어나야 할 고난이 있기 때문에
발전의 원동력을 얻는다.

– 새뮤얼 스마일스

책의 힘이
세종의 시대를
조선의 황금기로 만들었다

대한민국의 중심가인 세종로에 세종대왕 동상이 있다. 대한민국 국민에게 설문조사를 해서, "제일 존경하는 인물이 누구인가?"를 물으면 세종대왕, 이순신이 제일 많을 것이다. 누구나 세종을 안다고 생각 할 것이다. 그런데 그 사람들 중에 세종의 진면목을 얼마나 알고 있을까? 내가 도서관에서 수많은 책을 읽으면서 세종에 관한 책도 여러 권을 보게 되었다. 그러면서 알게 된 점은 세종의 창의력의 원동력이 책의 힘에서 나왔다는 사실이었다. 세종은 백독백습의 독서 정신으로 스스로 독서를 하면서 집현전에서 신하들과 함께 경론을 하면서 창의력의 한 시대를 만들어 냈다. 그 점이 세종의 위대함이다.

이지성은 『리딩으로 리드하라』에서 세종의 시대를 이렇게 말한다.

한 시대가 부흥하는 것은 반드시 그 시대에 인물이 있기 때문이요, 한 시대가 쇠퇴하는 것은 반드시 세상을 구제할 만큼 유능한 보좌가 없기 때문이다. 세종은 이렇게 말하며 국가의 인재가 모인 터전인 집현전에서 유능한 인재를 기르는 데 정성을 기울였다. 어느 추운 겨울 날 밤이었다. 세종은 내관을 불러 말했다. "집현전에 가서 누가 지금까지 책을 보고 있는지 살펴보고 오너라." 얼마 뒤 내관이 돌아와 보고했다. "신숙주가 아직도 책을 읽고 있사옵나이다." 이미 새벽에 이른 시간이었다. 세종은 내관과 함께 조용히 집현전으로 향했다. 그때 비로소 방의 불이 꺼지는 것이 보였다.

세종은 가만히 안으로 들어가서 잠든 신숙주에게 자신이 입고 있던 수달피 조끼를 벗어서 덮어 주었다. 아침이 되어 곤한 잠에서 깨어난 신숙주는 자신의 몸에 걸쳐져 있는 세종의 조끼를 보고 깜짝 놀랐다. "이것은 상감의 어의가 아닌가!" 그는 감격해서 눈물을 흘렸다. 그 뒤로 신숙주는 더욱 열심히 집현전 일에 열정을 쏟았다. 이 이야기가 퍼지자 조정 신료들은 모두 대왕의 덕을 칭송했다.

세종은 제위 16년부터 집현전 학사들이 경전, 역사, 자서, 시부 가운데 강독한 분량을 기록했다가 월말에 보고하게 했으며, 열흘에 한 차례 시험을 치르게 하였다. 그래서 실력이 없는 자들은 도태되었고, 뛰어난 자들만 살아남아 최고의 실력자로 거듭났다. 이들은 집현전을 떠나 외직으로 나아갈 때면 태산 같은 자부심과 과업을 이루었다는 자긍심이 대단했다고 한다.

세종은 집현전 학사들과 함께 공부하였고, 백성과 나라를 위하여 위대한 업적을 남겼다. "우리 모두 목숨을 버릴 각오로 독서하고 공부하자. 조상을 위해, 부모를 위해, 후손을 위해 여기서 일하다가 같이 죽자." 세종은 무엇보다 나라를 이끌어가는 사람들이 최고가 되지 못하면 백성들에게 최고의 정치를 베풀 수 없다는 사실을 잘 알았다. 그리고 누구보다 자신이 최고가 되지 못하면 신하들을 제대로 이끌 수 없다는 사실도 잘 알았다. 그래서 세종은 먼저 자신을, 다음으로 신하들을 그토록 뜨거운 독서의 장으로 내몰았던 것이다.

세종은 집현전 학사들 앞에서 했던 말을 실제 정치로 증명했다. 그는 오직 백성을 위하는 마음으로 유교에 찌든 사대부 지식인들의 격렬한 반대를 무릅써 가면서 세계에서 가장 위대한 문자인 '한글'을 창조했다. 어디 그뿐인가. 정치, 경제, 과학, 의학, 군사, 법률, 학문, 농업 등 백성들의 삶과 관련된 거의 모든 영역에서 백성을 위해 분투했고, 인류 역사상 그 어떤 왕도 따라오지 못할 찬란한 결과물들을 만들어 냈다.

심지어 여자 노비들을 위해 100일에 달하는 출산 휴가 제도를 만들었고, 같은 노비인 남편도 한 달 동안 아내를 돌볼 수 있도록 했다. 제위 기간 내내 고아, 노인, 병자, 죄수 같은 사회적 약자들의 기본권을 직접 챙겼음은 물론이다. 우리 역사에 세종대왕 같은 인물이 있었음이 자랑스럽다. 세종대왕은 나라의 기틀을 세운 겨레의 가장 큰 스승이다. 광화문 광장에 새로이 세워진 세종대왕상은 오늘을 사는 우리들에게 그 교훈을 말하고 있다.

박현모는 『소통과 헌신의 리더십, 세종처럼』에서 세종대왕의 리더십을 '세종십계명'으로 요약하고 있다. 우리가 다시 마음에 새겨야 할 내용들이다.

1계명 밥은 백성의 하늘이다
2계명 왕을 추대한 백성들에게 헌신하라
3계명 인재를 기르고 선발하고 맡겨라
4계명 싱크탱크를 활용하고 회의를 잘하라
5계명 억울한 재판이 없게 하라
6계명 외교로 전쟁을 막고 문명국가를 건설하라
7계명 영토는 한치도 양보할 수 없다
8계명 합리적으로 사고하고 온 힘을 기울여 실천하라
9계명 자기 관리를 철저히 하라
10계명 사회적 약자를 우선적으로 배려하라

내가 세종을 통해서 새롭게 배운 점은, 지도자 스스로 솔선수범의 모범을 통해 진정한 사람을 키운 지도자의 모습을 보았다는 사실이다.

지금 우리 사회는 지나친 이기주의와 물질주의로 방향을 잃어가고 있다. 내가 독서를 하면서 깨달은 점은 책의 힘이야말로 가장 강력한 힘이라는 점이다. 책의 힘은 스펙을 이긴다. 나 역시 스펙을 열심히 쌓아 왔었지만, 집중 독서를 통해서 책의 힘이 스펙을 이긴다는 점을 스스로 체험했다. 그리고 세종을 통해서 그 모범을 보았다. 책의 힘이 세종의 시대를 조선의 황금시대로 만들었다.

우리가 다시 가야 할 길은 다시 세종처럼 책을 펴는 길이다. 왕이었던 세종이 스스로 책을 펴서 창조의 시대를 열었던 것처럼, 지도자부터 책에 관해서만 말하지 말고 책을 읽어야 한다. 부모들도 책을 읽으라고 애들에게 말하지 말고, 내가 먼저 책을 읽는 사람이 되어야 한다. 나부터 책을 통해 변화를 경험해야 한다. 나는 확신한다. 앞으로 다가오는 통일한국의 미래는 책 읽는 대한민국이 될 때 희망이 있다는 사실이다. 책의 힘이 조선의 시대를 황금기로 만들었듯이, 우리가 다시 책을 펴면 대한민국은 김구 선생님 말대로 세계의 문화선진 강국이 될 것이다.

우리 모두 목숨을 버릴 각오로 독서하고 공부하자.
조상을 위해, 부모를 위해, 후손을 위해
일하다가 같이 죽자.

- 세종

링컨을 통해
책의 힘을 다시 배운다

당신은 아브라함 링컨을 정말 아는가? 스스로 답을 해보기 바란다. 가난한 통나무집에서 자라나서 미국의 16대 대통령이 되었고, 노예를 해방한 사람이라는 지식 정도 아닌가? 나 역시 나는 링컨을 잘 알고 있다고 생각하였다. 그런데 아니었다. 링컨에 대해서 너무 많이 들어서 안다고 생각했지만 실제는 잘 몰랐다. 최근 몇 년간 링컨의 전기를 몇 권 다시 보면서 깨달은 사실이 있다. 아, 링컨은 정말 큰 인물이었구나, 링컨을 만든 것은 정말 책의 힘이었구나 하는 깨달음과 각성이었다.

미국의 16대 대통령 아브라함 링컨Abraham Lincon, 1809~1865의 일생은 실패와 패배의 연속이었다. 그는 1809년 미국 캔터키주 호젠빌에서 가난한 농민의 아들로 태어났다. 학교 교육은 거의 받지 못했지만 잡화점 경영, 측량기사, 우체국장 등 여러 직업을 거치면서 독학으로 법률공부를 해 변호사가 되었다. 그는 그의 인생을 이렇게 고백한다.

나는 22세에 인생의 첫 번째 사업에 실패하였다. 23세에 지방의회 선거에 입후보했으나 낙선하였다. 24세에 다시 사업에 도전하였으나 실패하였다. 34세에 지방의회 선거에 도전했으나 또 낙선하였다. 38세에 하원의원 선거에 도전했으나 낙선하였다. 43세에 재차 하원의원 선거에 도전했으나 또 낙선하였다. 46세에 상원의원 선거에 도전했으나 또 실패하였다. 47세에 부통령 선거에 도전했으나 낙선하였다. 49세 되던 해 또다시 상원의원 선거에 낙선하였다.

이처럼 링컨의 삶은 실패와 패배의 연속이었다. 그러나 그는 결코 좌절하지 않았다. 오히려 패배를 패배시키며 한 걸음 한 걸음 다시 나아갔다. 그가 그렇게 할 수 있었던 것은 결코 희망을 놓치 않는 사람이었기 때문이다. 그는 마침내 51세 되던 해 1860년 미국의 대통령에 당선되었다. 그는 미국 역사상 가장 훌륭한 대통령이 되었다.

많은 사람들이 당선 축하 인사를 합니다.
"그렇게도 많이 실패하시더니 드디어 성공하셨군요"
링컨은 그들에게 이렇게 말하였다.
"실패라고요? 저는 실패한 적이 없습니다.

그동안 경험한 실패는 성공을 위한 소중한 경험이었습니다."

그는 진정 패배 속에서도 굴하지 않았던 희망의 사람이었다

아브라함 링컨은 또한 진정한 관용의 사람이었다.

링컨이 대통령에 당선되고 처음 상원의원들 앞에서 취임 연설을 하게 되었을 때였다. 링컨이 연설을 시작하려고 하자 거만해 보이는 한 상원의원이 일어나 링컨을 조롱했다.

"구두 수선공의 아들인 당신이 대통령이 되다니 정말 놀랍습니다. 지금까지 그런 형편없는 신분으로 대통령에 당선된 사람은 아마 미국 역사에 없을 겁니다."

이 말에 여기저기서 킥킥거리며 링컨을 비웃는 웃음소리가 들려왔다. 그러나 링컨은 불쾌하게 생각하지 않고, 잠시 침묵을 지켰다. 그리고 잠시 후 링컨은 이렇게 말했다.

"고맙습니다. 의원님! 한동안 잊고 지냈던 아버지의 얼굴을 떠올리게 해 주시니 감사합니다. 제 아버지는 완벽한 솜씨를 가지신 구두 수선공이셨습니다. 이 자리에 계신 분들 중에도 제 아버지가 만드신 구두를 신고 있는 분들이 계실 것입니다. 그럴 일은 없겠지만, 혹시라도 신발에 문제가 생기면 언제든지 제게 말씀해 주십시오. 제가 곁눈질로 배운 솜씨로 손봐드릴 수 있습니다. 물론 큰 기대는 하지 마십시오. 왜냐하면 제 솜씨는 아버지 솜씨에 비교조차 할 수 없기 때문입니다. 아

버지는 '구두 예술가'셨거든요. 저는 그런 아버지를 지금도 존경합니다."

평생 책과 성경을 애독했던 링컨이 남긴 신앙 십계명 역시 마음에 와 닿는다.

<아브라함 링컨의 신앙 십계명>

제일은, 나는 주일을 거룩하게 지키며 예배 생활에 힘쓸 것이다.

제이는, 나는 날마다 하나님의 말씀인 성경을 묵상하고 그 말씀을 실천할 것이다.

제삼은, 나는 도움을 베풀어 주시는 하나님 아버지께 날마다 겸손히 기도할 것이다.

제오는, 나는 하나님께서 베풀어 주신 은혜를 기억하며 감사할 것이다.

제육은, 나는 연약하지만 하나님의 도우심을 의지할 것이다.

제칠은, 나는 하나님만을 높여 드리고 그분께만 영광을 올려 드릴 것이다.

제팔은, 나는 하나님 안에서 우리 모두는 자유하며 평등하다고 믿는다.

제구는, 나는 형제를 사랑하고, 이웃을 사랑하라는 주님의 명령을 실천할 것이다.

제십은, 나는 이 땅 위에 하나님의 진리와 공의가 실현되도록 기도할 것이다.

링컨을 다시 생각하면서 다짐하게 된다. 2007년 터키를 가서 아타투르크 궁전에서 그의 수많은 장서를 직접 보면서 느낀 것이지만, 링컨도 일생을 통해서 수많은 고난을 겪었지만 수많은 책을 읽으면서 큰 그릇으로 준비되어 갔다. 우리는 너무 쉽게 이만해도 됐다고 생각한다. 책도 천 권 정도 읽으면 많이 읽었다고 생각한다. 우리 주변도 지도자들 중에 머리가 텅 빈 사람들이 너무 많다. 스마트폰만 보는 우리 시대가 텅 빈 시대로만 달려가는 것은 아닌지 걱정스럽다. 그러면서도 우리는 내면을 채우려는 생각은 안 한다.

책의 힘이 링컨을 만들었다. 나는 그동안 많은 책을 읽어 왔지만 다시 다짐한다. 나는 아직 내가 생각하는 만큼 되지 못했다고, 너무 일찍 내 인생의 한계를 정하지 말자고. 해야 할 일과 꿈과 비전이 있다면, 그 힘은 반드시 책의 힘으로 얻어야 한다. 책의 힘이 링컨을 만들었다면, 내 인생을 확실히 채워가는 힘도 책의 힘이다. 너무 일찍 이만하면 됐다고 하는 한계를 정하지 말고 다시 내 인생의 마음 창고를 좋은 책들로 차곡 차곡 채워가자. 나는 계속 책을 통해 배워가고, 링컨을 배워 가려고 한다.

아브라함 링컨은
예수 그리스도를 가장 많이 닮은 인물이다.

– 톨스토이

책의 힘으로
일어나다

나는 책의 힘으로 일어났다. 나는 책의 힘을 믿는다. 책에는 힘이 있다. 책에는 창조의 힘이 있다. 책에는 마음의 근육을 강화시켜 힘차게 앞을 향하여 나아가게 하는 동력이 있다. 지난 7년여간 1만 시간의 법칙대로 집중 독서를 통해서 책에 힘이 있음을 확실히 체험했다. 책의 힘으로 내 마음의 근육에 힘이 생기면서 나는 다시 일어나게 되었다. 나는 앞으로도 계속하여 책의 힘을 믿고 앞을 향하여 나아갈 것이다. 계속 책을 쓰면서 내 개인 도서관에서 미래의 지도자들을 키워 나갈 것이다. 내가 책으로 일어났듯이 내 주변의 사람들을 책으로 일으켜 갈 것이다.

세종대왕의 수많은 창조의 저력에는 독서의 힘이 그 중심에 있음을 우리는 잘 알고 있다. 세종의 독서는 백독 백습의 방법이었다. 세종의 위대함은 왕의 자리에 있으면서도 솔선수범하여 스스로 독서로 힘을 키웠다고 하는 데 있다. 세종은 스스로의 독서의 힘뿐만 아니라 집현전을 세워 독서의 힘을 인재들과 공유하였다. 세종의 창조적 독서의 힘이 한글창제를 비롯한 수많은 발명의 원동력이 되었고, 우리 문화를 꽃피우는 원천이 되었다.

해가 지지 않는 강대한 나라를 만들었던 대영제국의 시작은 빅토리아 여왕의 책 중의 책인 성경을 공부하고 실천하는 데에서부터 비롯되었다. 빅토리아 여왕의 성경연구에서 시작된 개혁은 성경에 기초한 튼튼한 나라를 만들게 되었고, 그 후 영국은 300년 이상 해가 지지 않는 강대한 나라가 되었다. 영국뿐만 아니라 미국도 영국에서 건너간 퓨리탄들에 의해서 성경에 기초한 나라로 출발하였다. 오늘날 미국이 세계를 이끌어가는 지도적인 국가로 역할을 하는 데는 그 기반에 책 중의 책인 성경의 힘이 있음을 부인할 수 없을 것이다.

책 중의 책인 성경뿐만 아니라 모든 책에는 힘이 있다. 우리 조선시대의 선비들은 책을 목숨보다 소중히 여기며 책을 보고 책을 남겼다. 다산 정약용의 삶이 위대한 것은 그가 유배라는 극도의 어려운 상황 가운데서도 독서를 통해 자신을 세우고, 그 책의 힘으로 520여 권의 책을 남겼다. 그처럼 책에는 힘이 있다. 책은 나를 세우고, 사상을 정립하고, 나라를 다시 세우는 힘이 있다.

우리와 가까운 이웃인 일본이 2차 대전의 패망을 딛고 다시 일어나 경제대국을 만들 수 있었던 원천도 책의 힘이라고 할 수 있다. 물론 여러 가지 요인이 있겠지만, 일본을 구석구석 여행해 보면 쉽게 눈에 뜨이는 것이 서점들이다. 상가의 중심, 도시의 중심, 교통의 중심 지역에는 반드시 서점이 자리하고 있다. 이는 일본인들이 책을 얼마나 중요시 여기는가를 알 수 있는 대목이다. 열차, 버스, 비행기뿐만 아니라 한적한 공원 벤치에서도 일본인들의 책 읽는 모습을 자주 볼 수 있다. 그래서 그들은 22명이나 되는 노벨상 수상자를 배출하고 경제 대국이란 이름을 얻지 않았을까? 이제 우리 한국인들도 다시 책 읽는 민족이 되어야 한다. 책에는 힘이 있다. 내가 다시 살고, 우리 대한민국이 다시 사는 길이 책 속에 있다.

책의 힘으로 일어나다. 이 책을 쓰면서 다시 다짐한다. 책의 힘으로 내가 다시 일어났으니 책의 힘으로 내 주변의 사람들이 일어나도록 돕는 일을 구체적으로 하자. 나는 요즘도 매일 자기 전에 책을 읽는다. 자기 개발분야의 책도 읽고, 철학서적, 역사서, 성경 등 다양하게 읽는다. 그런데 점점 더 책을 읽으면서 깨닫는 진리는 책은 힘이 있다는 사실이다.

변화의 힘이 있다. 자신감을 준다. 만족감을 준다. 배고플 때 음식을 먹으면 배가 부르듯이 책은 우리 마음에 배부름을 준다. 마음의 양식이라고 하지 않는가. 이 책을 읽는 독자 여러분도 실천해 보기 바란다.

하루 몇 분씩이라도 꾸준히 독서를 해보기를 바란다. 습관의 힘은 무섭다. 하루하루의 독서가 쌓여서 분명히 내 삶이 달라질 것이다. 내가 책의 힘으로 일어났듯이, 책은 반드시 여러분의 삶을 일으켜 줄 것을 확신한다. 내가 늘 책을 보는 도서관 문 앞에는 책의 즐거움에 대한 미국의 작가 캐슬린 노리스의 다음과 같이 말이 있다.

"긴 하루 끝에 좋은 책이 기다리고 있다는 생각만으로 그 날은 더 행복해진다."

인간의 정신이 만들어낸 수많은 세계 중에서
가장 위대한 것은 책의 세계다.

– 헤르만 헤세

*
책의 힘으로 일어나다

귀중한 사람들은 고난과 광야대학에서 만들어진다

넬슨 만델라로부터 통일정신과 관용을 배운다

모세의·인생여정에서 사명의 의미를 배운다

허드슨 테일러는 고난의 시간에 만들어졌다

찰스 풀러는 사망의 골짜기를 지나며 다시 태어났다

요셉 한 사람이 다시 일어섰을 때 그의 시대도 일어섰다

다윗은 오랜 광야의 시간을 지나면서 보석처럼 빚어졌다

욥이라고 하는 사람은 고난의 용광로에서 빚어졌다

바울의 고난이 유럽 문명을 탄생시켰다

사람의 힘으로 일어나다

제 3 장

사람의
힘으로
일어나다

귀중한 사람들은
고난과 광야대학에서
만들어진다

강철 막대기 하나는 고작 5천 원이지만, 그것으로 자를 만들면 1만 원, 바늘을 만들면 3만 5천 원이 되며, 칼날을 만들면 32만 원이 되고 시계 스프링을 만들면 2천 5백만 원이 된다. 똑같은 재료지만 두드리고 정련이 될수록 점점 더 탄성과 강도가 좋아지고 가치도 커진다.

아이폰으로 전 세계 스마트폰 시장을 석권한 스티브잡스는 고난의 광야를 겪은 사람이다. 애플에서 쫓겨난 기간의 고난이 새로운 잡스라는 위대한 사업가를 만들었다. 사무엘 브랭글은 말하길 "귀중한 사람들은 승진에 의해서가 아니라 고난과 광야대학에서 만들어진다"고 했다. 세계 역사상 작곡가들 중에 가장 뛰어난 사람은 "요한 세바스찬 바하"일 것이다. 사람들은 그의 음악이 장미와 같이 아름답다고 말한다.

그러나 그의 인생은 그야말로 광야의 고난의 연속이었다.

　귀중히 쓰임 받는 사람들이 고난과 광야대학에서 수업하는 과목은 무엇인가? 광야학교의 훈련 중 가장 중요한 훈련은 고독을 이겨내는 외로움의 훈련이다. 외로움이란 귀중히 쓰임 받는 사람이 꼭 이수해야 할 필수 과목이다. A.W.TOZER는 "세상의 위대한 사람들은 대부분 외로웠다"라고 했다. 광야대학의 중요한 과목은 "깨어짐"의 과목이다. 귀중히 쓰임 받는 사람들은 광야대학에서 자아의 고집이 깨어지고 겸비하고 온유한 사람이 되었다.

　넬슨 만델라는 감옥에서 27년간 깨어짐의 수업을 받고 흑백을 품고 하나의 남아공을 만드는 데 소중히 쓰임 받는 인물이 되었다. 광야대학에서 공부한 사람들은 긍휼, 겸손, 온유의 성품으로 잘 다듬어진 작품이 된다. 광야대학에서 사람의 소중함을 배운다. 광야 기간의 수업을 거치면서 귀중히 쓰임 받는 사람들은 사람이 희망이며, 사람이 가장 소중함을 배운다.

　광야대학에서 팀웍과 연합의 소중함을 배운다. 삶의 힘든 광야의 여정은 친구와 동행하는 것이 최선이다. 광야의 길을 가고 있을 때 이미 동일한 경험을 한 동무를 만난다는 것은 정말 도움이 된다. 성경 사무엘상 22:1-2에도 보면 다윗과 함께 광야 시절에 마음을 나눈 고난 동창생들은 다윗 왕국의 기초석들이 되었다. 광대토대왕은 왕자 시절 함께 고난을 겪은 사람들과 함께 위대한 고구려를 만들었다. 축구 황제 펠레는 "삶은 팀이다, 게임을 승리로 이끄는 것은 스타들이 아니라 바로 팀이다"라고 했다.

오늘 고난과 광야대학에서 수업 중인가? 광야대학의 과목들을 잘 이수하면 귀중히 쓰임 받는 사람이 될 것이다. 영국의 존스토트는 "고난 없이는 영광도 없다No cross, No crown"고 하였다. 테무진은 고난 이후에 징키스칸이 되어 대제국을 건설하였다. 아브라함 링컨은 고난의 일생의 결과 미국을 하나로 통일하였다. 이순신 장군은 고난의 일생을 통해 일본의 침략으로부터 조선을 지켰다. 찰스 풀러는 5년간의 큰 고난 이후 방송사역과 풀러신학교를 시작하였다. 조앤 롤링은 고난의 바닥을 거친 이후 해리포터 시리즈의 저자가 되었다. 동원참치 회장은 아들에게 바닥의 훈련을 받게 한 후에 기업을 물려주었다고 한다.

고생 끝에 낙이 온다. 큰 고통 후에 큰 영광이 있다. 고난이 명품인생을 만든다. 성경에도 보면 귀하게 쓰임 받은 인물들은 다 고난 이후에 쓰임 받은 인물들이다. 요셉은 13년의 고난의 기간을 지난 후에 애굽의 총리로 쓰임 받았다. 다윗은 10년이 넘는 광야의 기간을 믿음으로 지난 후 통일 이스라엘의 지도자로 우뚝 서게 되었다. 바울 사도는 많은 고난을 겪었지만 그의 사역으로 유럽에 하나님의 교회들이 무수히 세워지고, 신약성경의 14권을 기록하는 세계 최고 베스트셀러 작가가 되었다.

독수리는 고난의 훈련 후에 홀로 하늘을 비행한다. 독수리처럼 홀로 선 사람은 큰 고난의 훈련을 통과한 다음에 세워진다. 큰 고래는 깊은 바다에서 산다. 가장 큰 고통을 겪어낸 사람만이 최고가 될 수 있다. 바다의 폭풍우처럼 역경이라는 폭풍은 사람들의 재능을 일깨우고, 사람들로 하여금 창의성과 신중함, 기술과 강인함을 발휘하게 한다. 베토벤이 운명을 작곡할 때 그의 귀는 완전히 들을 수 없게 되었으며, 실낙원을 쓴 밀턴은 가난과 병에 시달리며 눈이 먼 상태에서 작품을 썼다. 그는 말하기를 "가장 큰 고통을 겪어낸 사람만이 최고가 될 수 있다"고 했다. 26년간 각고의 노력 끝에 로마제국 흥망사를 완성한 에드워드 기본은 "유능한 항해사는 바람과 파도를 이용한다"고 했다.

역경은 인생의 가장 큰 선생이다. 프랑스의 대문호 에밀졸라가 초창기에 작가 수업을 받으며 겪었던 고생을 회상하며 이렇게 말했다. "내 지갑은 항상 바닥을 드러내고 있었다. 나는 동전 한 푼 없을 때가 많았다. 어디로 가야 돈을 구할 수 있는지조차 모르는 시절이었다. 나는 보통 아침 4시에 일어나 날계란으로 아침을 먹은 후에 공부를 시작했다. 그래도 내게는 그때가 좋은 시절이었다. 강변을 따라 산책한 후에는 다락방에 들어가 사과 세 개로 저녁을 떼웠다. 그런 다음에는 줄곧 앉아서 글쓰기에 전념했다. 그래도 나는 행복했다. 겨울에는 장작이 너무 비싸서 불을 피울 수 없었다. 특별한 날에나 불을 피웠다. 초 한 자루 그것 하나만 있으면 밤새도록 문학의 밤을 밝힐 수 있었다."

불은 황금을 시험하고, 역경은 강한 사람을 시험한다. 한 알의 씨앗이 돌이나 단단한 땅에 뿌리를 내리기 위해 노력하고, 햇빛과 공기를 버텨내고 폭풍우와 폭설을 이겨낸 후에야 비로소 튼튼해지고 강인해지는 법이다. 성공은 가까이 있는 것은 무엇이든지 붙들고 문제를 해결하고, 상황을 정복하는 것이기 때문이다. 고난은 나를 세우는 자립의 땅이고, 시련은 훌륭한 선생이다. 고난은 하나님의 심부름꾼이다. 그러므로 고난이 찾아오면 하나님이 당신을 시험하는 것이라고 생각하라.

혹독한 시련을 극복하고 웅변가요 정치인이 된 데모스테네스 여린 목소리, 언어장애, 후견인의 아버지의 유산 횡령을 겪었다. 그러나 명배우 샤티우스의 격려로 언어장애를 극복하면서 그 모든 수모를 이겨낼 수 있었다. 말을 심하게 더듬고 호흡이 가빠서 한 문장도 마치지 못하던 데모스테네스는 어떤 대가를 치르더라도 웅변가로 성공하리라 다짐하였다. 그는 해변가에서 포효하는 파도소리 앞에서 작은 조약돌을 물고 말하는 연습을 시작하였다. 해변가에서, 거울 앞에서 오랜 연습 끝에 그는 웅변가로 설 수 있게 되었다.

수천 번의 폭풍우와 싸워 이겨낸 떡갈나무가 버팀목이 되듯이, 우리도 시련이 없으면 버팀목과 닻처럼 강해질 수 없다. 우리에게 있는 고난은 우리를 발전시키는 힘이 된다. 세상을 발전시킨 인물들은 편안한 환경에서 성장한 사람들이 아니다. 오히려 그들은 고난의 침대에서 역경의 베개를 베고 자란 사람들이다. 그래서 다윗은 시119:71 에서, "고난 당한 것이 내게 유익이라. 이로 인하여 내가 주의 율례를 배우게 되었나이다"라고 고백하고 있다. 고난은 신의 선물이다. 고난은 축복이다. 고난으로 명품 인생이 된다. 고난 이후에 독수리처럼 홀로 비행하는 영적 거장이 되게 하신다. 예수님도 십자가의 고난 이후에 부활의 영광에 이르셨다. 귀중한 사람들은 고난과 광야대학에서 만들어진다.

북풍이 바이킹을 만들었다.
고요한 바다에서는
유능한 뱃사공이 만들어지지 않는다.

– 영국 격언

넬슨 만델라로부터
통일정신과 관용을 배운다

나는 넬슨 만델라를 보면서 통일정신과 관용을 배웠다. 그리고 내가 힘들 때 내 마음을 울린 것은 1만 일의 감옥 생활을 하고 나오면서 한 그의 말이었다. "인생의 가장 큰 영광은 결코 넘어지지 않는 데 있는 것이 아니라, 넘어질 때마다 일어서는 데 있다"고 한 말이다. 나는 넬슨 만델라의 이 말에 큰 위로와 힘을 얻었다. 어렵게 지은 건물이 경매가 되고 나는 의기소침해 있을 때였다. 만델라의 말을 곱씹어 보면서 다짐하게 되었다. 다짐을 새롭게 하게 되었다. "나도 다시 일어나야 겠구나" 하는 용기를 준 멘델라로부터 인생의 진정한 용기를 배운다.

넬슨 만델라Nelson R Mandela, 1918-2014는 움타타의 한 작은 마을에서 추장의 아들로 태어났다. 그는 어려서부터 남아프리카 흑인들의 비참한 현실을 개선해야 한다는 열망을 가지고 있었다. 그는 남아프리카 대학을 졸업한 뒤 법조계에 뛰어든다. 그는 변화의 일선에서 뛰고 싶었고, 법조계야말로 그가 선택할 수 있는 최고의 길로 보였다. 그는 1944년 아프리카 민족회의ANC 청년 동맹을 설립하는 등 흑인 인권운동에 적극적으로 참여하였으며 1952년에는 남아공 최초의 흑인 변호사가 되었다.

그는 아파르트헤이트인종분리정책에 대항해 싸우면서 동료들과 거대한 운동을 일으킬 결단을 내렸다. 아프리카 민족회의 청년연맹ANCYL을 조직하고 흑인의 인권을 개선할 변화를 일으키기 위해 총파업, 불매운동, 시위, 비폭력 저항 운동을 펼쳐나갔다. 하지만 백인정권은 무자비한 탄압으로 맞서서 그들의 노력은 별 효과가 없었다. 만델라는 무장투쟁을 선언하고 1962년 체포되어 5년 형을, 1964년 종신형을 선고 받고 27년간을 감옥에서 보냈다.

그러나 정작 넬슨 만델라는 변화시킨 곳은 27년 6개월간의 감옥생활이었다. 감옥은 만델라를 강하게 만들었다. 그를 죽이려 한 감옥이 그를 더욱 강하게 만들었다. 만델라는 27년 6개월간 감옥에 있으면서도 은밀하게 민중을 이끌었다. 그는 1990년 2월 석방될 때까지 세계 인권운동의 상징적 존재가 되었다. 그가 감옥생활의 고통과 고난, 온갖 시련을 겪으면서도 인간의 존엄성, 관용과 용서, 비폭력의 미덕을 잊지 않았고 마침내 백인과 흑인의 화해를 이룩했다.

그는 27년 6개월간의 감옥생활 동안 화단에 꽃들을 키우며 인고의 세월을 견디어 냈다고 한다. 그리고 화단에 핀 흰꽃, 붉은꽃, 노란꽃... 다양한 색깔의 꽃들이 어우러져 아름다운 화단을 만듦을 보고, 흑인과 백인이 어우러지는 화합의 아름다운 세상을 꿈꾸었다고 한다. 27년 6개월 간의 긴 감옥생활을 그를 인격적으로 성숙하게 하여 흑백을 다 품을 수 있는 큰 그릇으로 만든 최고의 학교가 되었던 것이다.

원재훈은 『고독의 힘』에서 만델라가 겪은 1만 일의 고독을 이렇게 설명합니다.

비록 일흔 살이지만 내 인생이 이제 막 새롭게 시작되는 것을 느낀다. 1만 일 동안 교도소 생활은 이제 끝이 났다. 만델라는 1990년 2월 11일 오후4시, 자유의 몸이 되었다. 그가 말하는 1만 일은 46세에 수감되어 칠순 노인으로 석방될 때까지의 27년을 의미한다. 바닥에 깔린 남루한 담요, 작은 탁자 위에 놓인 그릇, 변기와 바다 쪽으로 나 있는 철장문... 위대한 정치인은 사랑과 화해를 외치며 이곳에 있었다. 그는 어떤 꿈을 품었기에 그토록 어둡고 가혹한 현실을 헤쳐갈 수 있었을까?

수감될 당시 그는 가장 왕성하게 활동할 나이인 46세였다. 그는 어떻게 인생의 황금기라 할 40대 중반부터 이후 27년을 지나 70대 노인에 이를 동안의 고독한 수감생활을 혼자 견뎠을까? 만델라는 평생 자신이 머무는 곳을 변화시키려 노력한 사람이다. 결국 그는 무자비한 정권이 그의 인간성을 파괴하기 위해 가둬놓은 감옥에서 오히려 더 성숙한 인간이 되어 밝은 세상으로 나왔다. 그로부터 3년 뒤 만델라는 노벨평화상을 수상한다. 그리고 남아공 대통령이 되었고, 그리고 아파르트헤이트가 철폐되었다.

이 모든 결과물은 그가 1만 일의 고독을 기꺼이 받아들이고 기쁜 마음으로 견뎌낸 대가이기도 하다. 만델라의 위대함은 27년 동안의 치명적인 고독에 무릎 꿇지 않고 오히려 웃으며 견딘 데 있다. 그토록 장엄한 고독과 그 기간 동안의 깊고 넓은 사색이 그에게 세상을 바꿀 힘을 가져다주었다.

감옥에서 나온 그는 드클레르의 백인 정부와 협상을 벌여 350년에 걸친 인종 분규를 종식시키는 데 성공했다. 그는 남아공에 새로운 역사를 만들어낸 업적으로 1993년 노벨 평화상을 받았고, 1994년에는 남아공 사상 최초로 흑인이 참가한 자유선거에 의해 흑인 최초 대통령으로 당선되었다. 세계에서 인종차별이 가장 심했던 나라에서 흑인 대통령이 탄생한 것이다. 넬슨 만델라 그는 진정으로 관용을 실천한 큰 그릇의 지도자이다.

만델라는 생각하면 나 자신이 작아진다. 그러나 인간의 정신이 얼마나 위대할 수 있는지를 배운다. 고난은 사람을 만든다는 진리를 확증하게 된다. 내가 몇 년간 광야를 겪으면서 확실히 깨달은 바이기도 하지만 만델라를 보면서 인간정신의 위대함과 용기를 얻는다. 그리고 아직도 분단 상태로 있는 대한민국의 통일 문제에 대한 해법도 찾는다. 결국 사람이 답이다. 준비된 사람, 광야에서 자아가 깨어지고 새로운 사람으로 준비된 사람이 필요함을 배운다. 넬슨 만델라가 보여준 통일정신과 관용의 길은 내가 가야 할 길이고 우리가 가야 할 로드맵이다.

사람의 **힘**으로 일어나다

사람이 영광스러운 이유는
넘어지지 않는 데 있는 것이 아니라
넘어져도 다시 일어나는 데 있다.

– 넬슨 만델라

모세의 인생여정에서 사명의 의미를 배운다

"험한 언덕을 오르려면 처음에는 천천히 걸어야 한다"라고 말한 세익스피어의 말처럼, 모세는 80년이란 세월 동안 준비되어 쓰임 받은 큰 지도자였다. 모세는 400년 가까이 애굽의 노예생활에서 신음하던 200만 명의 이스라엘 백성을 구하기 위해 애굽 왕 바로의 궁정에 혼자 들어가서 당당하게 백성들을 이끌고 출애굽 시킨 위대한 민족의 지도자이다. 홍해를 갈라 자기 백성들을 구출하여 40여 년 동안 광야를 거쳐 백성들을 가난안 땅으로 인도하던 위대한 지도자 모세가 되기까지는 무려 80년의 고독한 준비 과정과 실패와 아픔이 있었다.

모세는 태어나자마자 생명의 위협을 느낀 부모가 그를 갈대상자에 담아 물에 내다 버리는 불행을 겪었다. 구사일생으로 물에서 건짐을 받은 아기 모세는 애굽의 공주에게 발견되어 왕궁에서 자랐다. 자라서 청년이 된 모세는 같은 동족의 어려움을 보고 달려들어가 살인을 하여 왕궁에서 도망 나와야만 되는 신세가 되고 말았다. 그때 모세의 나이는 40세였다. 모세는 피신하여 광야에서 무려 40년간 양치기를 하면서 고독하게 보냈다. 모세가 80세가 되었을 때 하나님은 모세를 부르셔서 애굽에서 고통 받고 있는 이스라엘 백성 200만 명을 인도하게 하셨다.

모세를 통해서 배우는 지혜는 광야에서의 깨어짐과 기다림의 은혜이다. 광야에서 40년간 모세는 깨어짐을 통해서 지상에서 가장 온유한 사람으로 변화되고 준비되었다_{민12:3}. 하나님은 모세를 크게 들어 쓰시기 위해서 광야대학 외로움 전공으로 에서 40년간이나 다듬고 준비하셨다. 잘 준비된 한 사람 모세가 이스라엘 백성을 인도하였듯이, 오늘도 하나님은 나를 쓰시기 위해서 다듬고 준비하신다. 광야대학에서 하나님의 수업을 받으면서 모세를 통해서 큰 위로를 받는다. 진정한 지도자는 광야에서 성품이 준비된 사람이다.

내가 모세의 생애에 주목하는 것은 40년간의 광야생활이다. 앞서 넬슨 만델라가 27년 6개월간 로벤섬에서 외로움과 깨어짐의 시간을 보내고 나와서 남아공의 통일과 하나됨을 이루어 낸 것을 보았다. 모세 역시 사명이 크기에 40년간이나 광야수업을 받게 하였다. 도슨트 로트멘의 말대로 "하나님은 준비되지 않은 사람을 쓰신 적이 없고, 준비된 사람을 안 쓰신 일도 없다"는 말을 하였다. 430년이나 애굽에서 종살이하던 이스라엘 백성들을 애굽에서 해방시키기 위해서 모세의 40년 광야수업이 필요했던 모양이다. 모세의 광야수업 40년이 나를 위로한다. 모세의 인생여정에서 사명의 의미를 배운다.

믿음으로 모세는 장성하여
바로의 공주의 아들이라 칭함 받기를 거절하고
도리어 하나님의 백성과 함께 고난 받기를
잠시 죄악의 낙을 누리는 것보다 더 좋아하고
그리스도를 위하여 받는 수모를
애굽의 모든 보화보다 더 큰 재물로 여겼으니
이는 상주심을 바라봄이라.

- 히11:24-26

허드슨 테일러는
고난의 시간에
만들어졌다

허드슨 테일러는 13억 중국인들에게 복음을 전하는 OMF Overseas Missionary Fellowship를 설립한 믿음의 사람이다. 허드슨 테일러로 말미암아 형성된 OMF는 오늘날에도 중국 대륙에 복음을 전하는 신실한 믿음의 선교단체로 쓰임 받고 있다. 사람들이 보통 허드슨 테일러 하면 승승장구해서 중국에 선교사역을 감당한 줄로 안다. 그러나 이 책에서 내가 주목하는 부분이 광야수업인 것처럼, 허드슨 테일러를 만든 것 역시 고난의 시간이었다. 오늘 나의 삶에 있는 고난도 나를 만들어 가는 시간이다. 허드슨 테일러가 고난의 시간에 만들어졌듯이 나도 고난의 시간에 신실한 사람으로 만들어져 간다.

중국에 선교사로 간 허드슨 테일러가 1847년 영국으로 돌아왔을 때, 다시는 걸을 수 없을지 모르는 어려움에 처하게 되었다. 그는 수개월 동안 침대에 누운 채, 머리맡에 달린 줄을 잡고서 간신히 몸을 움직일 수 있었다. 그러나 테일러는 중국선교의 꿈을 접을 수 없었다. 그는 주님과 늘 교제하면서 하나님의 꿈을 받아들이기 위해서 노력했다.

"다음에는 무엇을 할까요?

주님께서 제게 원하시는 꿈은 무엇입니까?

이 세상을 향한 주님의 사역 중에서 제가 감당해야 할 부분은 무엇입니까?"

허드슨 테일러는 고난의 시간 동안 성경을 깊이 묵상하며 하나님과의 깊은 기도 가운데 성령의 감동을 받고 그를 향한 하나님의 꿈을 깨달을 수 있었다. 그 고난의 기간에 그는 말씀의 사람, 기도의 사람의 새롭게 빚어졌다. 그리고 그는 모든 필요를 하나님께만 구하는 믿음의 원리를 체득하게 되었다. 그래서 그는 잘 보이는 벽면에 이 벽면에 이 계획을 붙여놓고 기도하였다. 그것은 자신은 움직이지 못하더라도 중국선교를 계속할 수 있는 선교사 후보생을 모집하는 비전이었다. 그는 아직 들어가지 못한 중국 내륙의 9개의 성에서 개척 선교를 할 18명의 선교사 후보생을 모집하고 그들을 훈련하여 파송하였다. 질병의 고통과 고난이 허드슨 테일러를 더 깊은 믿음과 기도의 사람으로 만들었고, 이러한 고난의 시간을 통해서 그는 더 큰 중국선교의 비전을 이어갈 수 있게 되었다.

그가 다시 중국에 가서 선교를 시작했을 때 그는 진정한 믿음의 사람이 되어 있었다. OMF에서는 오늘날에도 허드슨 테일러의 오직 하나님께만 구하는 믿음의 선교Faith Mission원칙을 지켜 나가고 있다. 허드슨 테일러는 믿음으로 헌신했지만 일이 많아지면서 협력자와 선교비가 필요했다. 그는 밤잠을 설치게 되었다. 그런데 어느 날 요한복음 15:5절에, "나는 포도나무요 너희는 가지이니..."라고 하는 말씀에 그는 "주님은 포도나무이고 나는 가지인데, 내가 걱정할 것이 무엇이란 말인가? 주님께서 수분과 양분을 공급해 주시는 나무이므로, 가지인 나는 그것을 받아들이기만 하면 되는 것인데, 가지인 내가 수분과 양분을 공급하려고 애쓰고 있다니, 어리석었구나"라고 하면서 회개하고 엎드렸다.

허드슨 테일러는 이 시간부터 염려와 근심을 주님께 맡기오니 책임져 주시옵소서 하며 하나님 앞에서 자신의 어리석음을 시인하고 회개하며 모든 문제를 주님께 맡겼다고 한다. 그러자 마음에 평안이 파도처럼 밀려와 그 후부터 기도하는 것마다 응답받고 성공적인 중국 선교를 할 수 있었다고 한다.

삶의 현장에서 다가오는 모든 문제를 전적으로 하나님께 맡기는 훈련을 하라. 포도나무에 붙어있는 가지는 영양분을 걱정할 필요가 없다. 우리를 불러 세우신 분은 주님이시다요15:16. 불러 세우신 주님께서 분명 열매 맺는 삶을 살도록 책임질 것이다. 허드슨 테일러의 삶을 통해서 배우는 점은, 진정한 믿음과 기도의 사람은 고난의 시기에 만들어진다는 사실이다. 믿음의 사람은 삶의 모든 문제를 부르신 주님께 전적으로 맡기고 사는 사람이다. 허드슨 테일러는 고난의 시간에 만들어졌다. 내 인생도 광야수업을 통해서 명품인생으로 빚어져 가고 있다.

저는 하나님의 위대한 일에는
세 가지가 있음을 보아 왔습니다.
처음에는 불가능합니다.
그 다음에는 어렵습니다.
그리고 이루어집니다.

– 허드슨 테일러

찰스 풀러는
사망의 골짜기를 지나며
다시 태어났다

2006년에 미국 로스엔젤스에 있는 풀러신학교를 방문한 적이 있다. 그때는 잘 몰랐다. 풀러신학교가 어떤 과정을 거쳐서 풀러신학교를 세우게 되었는지를 몰랐다. 박사 과정을 하고 있는 동기들하고 미국의 중요한 기관들을 둘러보았다. 그 후에 몇 년의 고난의 시간을 보내는 동안 찰스 풀러의 전기를 읽으면서 큰 깨달음을 얻게 되었다. 찰스 풀러도 큰일을 하기 전에 먼저 그만한 광야수업을 받았다는 것을 알게 되었다. 찰스 풀러의 광야수업 이야기도 내 인생의 광야수업에 보약이 되었다.

찰스 풀러Charles Fuller는 빌리그래함 목사와 네비게이토 창시자 도슨 트로트맨 CCC창시자 빌브라이트에게 결정적인 영향을 끼친 인물이다.

빌리그램은 말하길 "매 주일마다 라디오를 통해 전파된 찰스 풀러 목사님의 음성은 광야에서 외치는 세례 요한의 절규였다. 예수 그리스도의 구원의 복음은 전파를 타고 전 세계로 퍼져 나갔다"라고 했다. 찰스 풀러는 수많은 영혼을 주께 인도한 별과 같은 사람이었다. 그는 평생 복음을 위해 살았다. 스펄전과 무디의 계보를 잇는 전도자가 되었다.

찰스 풀러는 무디의 후계자인 루벤 토레이로부터 멘토링을 받고 하나님의 말씀을 말씀되게 하는 설교자가 되었다. 그는 복음을 방송에 실었다. 남극에서 북극까지 전 세계를 방송망으로 연결하여 그리스도의 피묻은 복음을 전했다. 그는 선교를 위해 전 재산을 헌납하신 헨리 풀러 정신으로 선교사를 돕고 설교자를 양성했다. 무엇보다 다음 세대를 위해 인물을 키운 사람이었다. 네비게이토 창시자 젊은 도슨 트로트맨을 격려하고 후원했다. 그리고 아들의 친구인 빌브라이트를 격려하고 후원했다. 젊은 빌리그래함을 키워냈다. 풀러신학교를 세워 세계적인 일꾼들을 길러냈다.

이러한 찰스 풀러를 진정한 하나님의 사람으로 만든 것은 1920년의 미국 대공황기의 사망의 골짜기를 지나는 것 같은 고난이었다. 1920년대 오렌지 농장 사업은 찰스 풀러에게 재정적 풍족함을 제공했다. 사업은 계속 커갔고 재산 규모도 커져갔다. 그러나 경제적 시련은 예고 없이 찾아왔다. 그 고난은 1929년 경제 대공황으로부터 시작되었다. 1929년은 모두에게 힘든 해였다. 무엇보다 부동산 가격이 폭락했다. 은행에서는 모든 자금을 회수해 갔다.

갑자기 흉년이 든 농장 주인들은 당시의 참담한 현실에 충격을 받아 농장을 포기하기도 했다. 거리에는 직업을 찾지 못한 무직자들이 넘쳐났다. 직장에서는 구조조정을 단행하여 고용을 줄이고 임금을 삭감하는 처방을 내렸다. 그런 와중에서도 찰스 풀러는 잘 견디고 있었다. 자기와 함께 일하는 노동자들을 한 사람도 내보내지 않으며 힘든 순간을 견디어갔다. 자신만 살려면 극단적인 처방을 내려야 했지만, 찰스 풀러는 딸린 식구들을 생각하여 함께 인고의 날을 견디면서 경기가 회복되기만을 기다리며 기도했다.

조금만 참으면 되는 줄 알았다. 하지만 그의 예상은 빗나갔다. 부동산 가격은 더 떨어졌다. 빚은 눈덩이처럼 불어났다. 설상가상으로 집이 경매에 넘어갔다. 농장 일꾼들을 생각하여 농장을 포기하지 않았던 찰스에게 결정적인 위기가 다가온 것이다. 1931년은 어느 해보다 모진 한 해였다. 찰스는 당시 캘리포니아에서 가장 좋은 지역에 30만 평 정도의 대규모 농장을 운영하고 있었다. 자신을 하나님께 바친 다음 그는 모든 것을 주님을 위해 그리고 복음 전도를 위해 드렸다. 농장도 그런 사역을 후원하기 위한 것이었다. 농장을 통해 복음 전도를 위해 더 많은 물질을 드리고 싶었다.

이렇게 순수한 마음을 가진 그에게 시련이 몰려온 것이다. 채권자들은 찰스를 심하게 다루었다. 빨리 돈을 갚지 않으면 파산을 시키겠다고 협박하는 사람도 있었다. 찰스는 그리스도인으로 좋은 간증을 남기고 싶었다. 그가 융자금을 다 갚지 못해서 파산한다는 것은 상상할 수 없는 일이었다. 그를 돕는 계리사와 변호사들과 여러 번 상의해 보았지만 뚜렷한 해결책은 없었다. 암담한 현실 앞에서 생존을 위한 투쟁을 계속할 뿐이었다.

하나님께서는 왜 신실한 하나님의 사람에게 경제적 고통을 안겨주는가? 이런 피를 말리는 고통은 5년이나 계속되었다. 찰스와 그레이스는 "모든 것이 합력하여 선을 이루어 주시는" 로마서8:28의 약속을 믿었다. 끝없는 좌절과 고통의 나락에서 생존을 위한 처절한 노력을 하면서 찰스는 가난한 자의 아픔과 실패한 자의 고뇌를 깊이 이해하게 되었다. 그는 눈물 젖은 빵과 고난의 쓴 잔을 맛보았다. 1932년 4월이 되었을 때 경제사정은 더욱 악화되었다. 식사 준비를 위해 시장에 갈 돈마저 없었다. 아는 가게에 가서 양해를 구하고, 식료품을 조금 외상으로 구입하고 몇 달 후에 돈을 갚기도 하였다. 개인 파산을 선언하지 않고 은행 대출 상환금등의 문제를 해결하기 위해 풀러부부는 그레이스 부모가 남겨준 유산을 처분하여 사용해야만 했다.

1933년 어느 날 기도하다가 지친 그레이스는 찰스의 서재에 들어갔다. 하나님께 부르짖으라렘33:3고 하는 찰스스펄전의 설교집의 말씀을 읽으면서 그 말씀이 위로가 되었으며 하나님의 뜻이 분명히 있음을 확신하게 되었다. 1934년 7월 27일이었다. 기도하는 마음에 주신 말씀은 "우리가 주를 의지하였사오니역대하14:11였다. 재정적인 문제로 채무자, 변호사 등 많은 사람들에게 시달리고 지친 영혼을 위로해 주시려고 하나님께서 말씀을 주신 것이다. 하나님께서 안식을 주신 것이다. 찰스 풀러 역시 고난의 골짜기를 지나면서 성경 말씀을 통해서 하나님은 위로와 해답을 주셨다. 1934년 9월 2일 몇몇 성경 말씀으로 확신을 얻었다시27:14, 사40:28-29, 사25:4, 약1:3-4, 히10:35-36. 이러한 힘든 상황 가운데서 그레이스는 큰 수술까지 받았다. 재정은 바닥을 치고 있었다.

하지만 어려운 과정에서도 하나님께서 일용할 양식을 채워주셨다. 찰스 풀러는 가난한 마음으로 진정한 감사를 배웠다. 무화과 나무에 열매가 없어도 감사했다. 사면초가의 골짜기를 지나면서 찰스 풀러는 진정한 믿음의 비밀을 배우게 되었다. 그는 잠잠히 하나님의 인도하시는 손길을 기다렸다. 깊은 어두운 상황 가운데 하나님은 찰스 풀러를 다듬고 준비시켜가고 있었다. 그러한 재정적인 아픈 과정을 거치면서 찰스는 복음 사역에 직접 관계 되지 않은 많은 사업을 정리하고, 오직 복음을 위해 집중하도록 하나님께서 찰스 풀러를 인도하신 것이다. 복음 전도만을 위한 정금이 되게 하신 것이다.

이러한 고난의 골짜기를 지나면서 찰스 풀러는 하나님께 대한 실제적인 믿음을 소유하게 되었으며, 고난의 골짜기를 통과한 이후에는 방송설교자로 수많은 사람들에게 복음을 전하였으며, 풀러 신학교를 세워 많은 하나님의 종들을 길러냈다. 찰스 풀러를 통해서 배우는 배움은, "고난 이후에는 위대한 쓰임이 있다"는 사실이다.

내가 사망의 음침한 골짜기로 다닐지라도
해를 두려워하지 않을 것은
주께서 나와 함께하심이라
주의 지팡이와 막대기가 나를 안위하시나이다.

– 시편 23:4

일어나다

요셉 한 사람이 다시 일어섰을 때 그의 시대도 일어섰다

성경 창세기에 보면 요셉의 이야기가 기록되어 있다. 그런데 창세기 37장부터 50장까지에 기록된 요셉의 이야기를 읽어보면 요셉의 일생은 정말 파란 만장한 수난의 일생이었다. 형들 사이에 늦게 태어난 요셉은 아버지의 사랑을 많이 받았다. 그리고 형들이 아버지의 첩들과 놀아나는 것을 보고 지적하는 의로움이 있었다. 그러나 결국 형들에게 미움을 받아 형들에 의해 구덩이에 빠져 굶어 죽게 되었다. 그러나 그 형 루우벤의 제안에 의해 목숨은 간신히 건졌으나 애굽의 노예상들에게 팔렸다. 그때 나이가 17세 되던 때였다.

그로부터 그의 인생은 고난의 연속이었다. 요셉은 애굽의 바로왕의 시위 대장인 보디발의 집에 노예로 들어가게 되지만 자기가 당한 억울한 고난을 한탄하지 않고 거기서 열심히 봉사하고 일했다. 그래서 결국 보디발의 신임을 얻어 그 집의 모든 일을 총괄하는 직무를 맡게 되었다.

또한 요셉은 언제나 바르지 못한 것에는 "아니오" 하는 강직한 성품을 지닌 의로운 사람이었다. 그런 그에게 보디발의 아내가 유혹하자 그는 거절하였고 그런 요셉의 행동은 보디발의 아내에게 미움을 사서 오히려 누명을 쓰고 옥에 갇히는 신세가 되었다. 그럼에도 불구하고 요셉은 옥 안에서도 자기의 억울한 처지를 불평하지 않고 열심히 자기의 맡은 일에 충실했다. 나중에 요셉은 바로의 꿈을 해석하여 그 공로로 애굽의 총리가 되었다.

결국 기근에 시달리는 아버지와 식구들을 이주시켜 온 가족이 행복하게 살았다. 그로 인하여 자손은 크게 번성하게 되고 지금의 이스라엘 민족의 뿌리가 되었다. 요셉의 일생은 고난과 모험이었지만 결국은 성공하여 모든 사람을 행복하게 하는 사람이 되었다.

요셉의 일생을 통해서 배울 수 있는 가장 중요한 교훈은 고난의 때에 환경과 사람 바라보고 탓하는 것이 아니라, 하나님만 바라보고 결국 하나님의 때에 믿음으로 우뚝 섰다는 점이다. 자기에게 닥친 불행한 환경과 억울한 고난을 원망하지 않고 어디서든지 자기의 맡은 일에 최선을 다해 나간다면 언젠가는 그 꿈이 분명히 이루어진다는 사실이다. 또한 그런 사람을 하나님은 도와 주신다. 선한 일을 품고 나가는 자에게는 모든 것이 합력하여 결국 선을 이루게 된다.

지금은 다 알 수 없다. 아무리 절망적이라 할지라도 지금으로서는 그것을 분명하게 해석하기는 어렵다. 왜 이 일이 나에게 닥쳤는지, 특히 억울하게 닥치는 고난에 대해서는 더욱 그러하다. 그러나 알고 보면 그것은 나를 더 좋은 곳으로 이끌기 위한 하나님의 계획임을 기억하고 끝까지 감사하고 원망하거나 불평하지 말아야 한다. 그리고 자기의 주어진 일에 최선을 다하는 것이 중요하다.

노예로 떨어지고 감옥으로 떨어졌던 요셉도 일어설 수 있었다면, 오늘 우리도 일어설 수 있을 것이다. 감옥도 하나님이 함께 계시면 형통하게 하는 자리가 되고, 합력하여 선을 이뤄가는 징검다리가 되었던 것처럼 오늘 우리도 하나님과 동행하는 삶, 하나님께 집중하는 삶을 살다 보면 그런 은혜를 누릴 수 있을 것이다. 만약 요셉이 감옥에서 불평하고 원망하면서 인생을 지냈다면 애굽의 총리로 우뚝 서는 날을 맞이하지 못했을 것이다.

그는 감옥에서 보냈던 답답함의 시간에 전적으로 하나님께만 집중했다. 그것은 하나님에 대한 고집스런 집중력에서 나오는 힘이었다. 요셉은 험난한 고난의 시간에 무서울 정도로 하나님께만 집중했다. 그분의 물레방아가 아주 천천히 도는 것 같은 시간에도 요셉은 오직 하나님께만 집중했다. 거기서 요셉의 당당함이 나왔다. 여러분도 고난 가운데 있을 때에 하나님께만 집중해보라. 그분의 말씀에 집중해보라. 고난의 시간 동안에 하나님과 동행하면서 그분에게 집중하고 살았더니 문이 열렸다. 요셉은 애굽의 왕에게 나아갔다. 애굽의 총리로 우뚝 서게 되었다.

김운용은 『하늘소리 땅의 소리』에서 요셉의 생애를 이렇게 요약하여 말하고 있다. "긴 고난의 터널을 지나면서 하나님께 고집스럽게 집중했던 요셉, 그가 우뚝 서 있을 때 그가 서 있던 시대도 일어서고 있었다." 그렇다 고난의 세월을 하나님만 바라보고 견뎠을 때, 그가 다시 일어섰을 때 그 한 사람과 함께 그의 시대도 일어남을 요셉을 통해서 배울 수 있는 소중한 교훈이다. 요셉을 통해서 배우는 광야수업은, "고난의 때에 하나님만 바라보고 믿음으로 일어선다"는 사실이다.

형님들은 나를 해치려고 하였지만,
하나님은 오히려 그것을 선하게 바꾸셔서,
오늘과 같이 수많은 사람의 생명을
구원하셨습니다.

– 구약성경 창세기 5:20

다윗은
오랜 광야의 시간을 지나면서
보석처럼 빚어졌다

다윗David은 광야에서 보석처럼 빚어진 하나님의 사람이다. 하나님은 때때로 광야의 고난을 통해서 삶의 패러다임을 바꾸어 주신다. 그것은 좋은 품성의 사람을 얻기 위해서이다. 광야의 고난은 하나님이 사랑하는 사람들의 패러다임을 바꾸는 처방책이기도하다. 그렇게 바뀐 패러다임은 온전히 하나님께 초점을 두고 살아가도록 만든다. 하나님은 쉽게 사람을 만들고 얻으시는 것이 아니라 농부처럼 씨를 뿌리고 가꾸시고, 조각가처럼 정교하게 다듬어 가신다. 그리고 건축가처럼 벽돌 하나하나 쌓으셔서 아름다운 인생의 집으로 만들어 가신다.

성경 삼상 30:6에 등장하는 다윗은 무너진 절망자에게 희망을 주는 믿음의 사람이다. 다윗이 위대한 믿음의 사람으로 우뚝 설 수 있었던 것은 광야의 고난의 시절에 하나님을 믿고 일어섰던 믿음의 결단 때문이었다. "하나님 여호와를 힘입고 용기를 얻었더라삼상30:6."

다윗은 골리앗을 때려눕히며 어린 나이에 역사의 무대에 등장했다. 그러나 다윗은 사울왕의 질투심으로 생명의 위협을 받으며 들로 산으로 도망을 다녀야 했다. 다윗은 군대의 총사령관직에서 하루아침에 실직하여 떠돌이 신세가 되었다. 부도난 사람이요 파산한 사람이 되었다. 그뿐인가, 블레셋사람 300명을 죽인 댓가로 결혼한 아내 미갈이 떠나고, 어렵고 힘들 때 용기를 주던 인생의 스승 사무엘도 세상을 떠났다. 생명을 함께 나눌 수 있었던 요나단도 만날 수 없게 되었다. 다윗의 사람들은 다 떠나갔다.

산다는 것이 무엇인가? 시편 34편에 보면 다윗은 목숨이라도 부지해 보려고 블레셋 사람들 앞에서 미친 짓 하다가 조롱거리가 된다. 다윗은 더 내려갈 수 없는 자리까지 추락했다. 다윗은 몹시 지쳐있었고, 낙심이 되었다. 사람이 고난을 많이 당하면 한계를 느끼게 마련이다. 광야의 한복판에 있는 다윗은 하나님을 포기하고 내 힘으로 살아보려고 했다. 그래서 적군의 땅 블레셋으로 망명한다. 다윗은 도적떼의 두목이 되어 1년 4개월을 폭도로 살았다. 다윗 일당은 시글락이라는 정착촌을 마련하였고, 아기스 왕의 신임도 얻었으니 일이 잘 풀려 간다고 생각했다.

사람의 힘으로 일어나다

그러나 세상일이란 생각한 대로 되지 않는다. 어느 날 다윗이 자리를 비운 사이에 다윗의 무리가 거주하던 정착촌이 아말렉 사람들의 습격을 받아 불바다가 되어 버린다삼상30:1-6. 여인과 어린아이들은 모두 포로로 끌려가고 재물은 모두 빼앗기고 애써 세워놓은 집들은 모두 불타 버렸다. 다윗과 그 백성들은 서럽고 억울했다. 땅바닥에 주저앉아 울 기력이 없을 만큼 울고 또 울었다. 갈 곳도 없고, 이제는 더 이상 의지할 곳도 없는 막다른 골목이었다. 그런데 함께 울던 사람들이 갑자기 돌변하여 다윗 때문에 우리가 이렇게 망했다 하며 돌을 들어 치려 하는 게 아닌가. 다윗은 막다른 벼랑 끝에 혼자서 서 있었다. 적군에 의해서가 아니라 믿고 사랑했던 동족에 의해 돌에 맞아 죽을 지경이 된 것이다. 성경은 다윗이 크게 군급하였다삼상30:6라고 기록하고 있다. 마음이 심히 답답하고 괴로웠다는 뜻이다.

다윗의 인생은 여기가 끝이었다. 그러나 성경은 바로 이 마지막 자리에서 일어난 사건을 이렇게 기록하고 있다. "하나님 여호와를 힘입고 용기를 얻었더라삼상30:6." 하나님은 언제나 인생의 광야 끝에 서 계신다. 그리고 더 이상 한 발자국도 디딜 수 없는 끝자락에서 만나 주신다. 다윗은 인생의 끝자락에서 만난 하나님과 다시 인생을 시작하게 된다.

다윗은 광야 인생의 끝자락에서 만난 하나님을 "나를 위하여 모든 것을 이루시는 하나님시57:2"이라고 고백하고 있다. 여기가 마지막 이라고 생각이 드는가? 거기에 하나님이 계신다. 다윗의 광야수업, 그 때의 고백이 믿음의 사람 다윗을 만들었다. 다윗은 광야의 고난을 통해서 성숙했다. 사울의 시기에 쫓겨 젊음의 시절을 광야에서 보낸 다윗은 겸손과 인내를 배웠고, 인생이 하나님의 손에 있다는 것을 체험했다. 광야의 고난은 다윗을 다윗 되게 한 특효약이었다. 그러한 의미에서 다윗의 광야의 고난은 축복이었다. 그곳에서 예수님의 예표인 다윗은 보석처럼 빛나는 인격과 믿음의 사람으로 빚어져서 이스라엘의 믿음의 왕으로 쓰임 받았다.

다윗처럼 당신의 광야 여정을 간증으로 만들라. 광야의 체험을 바탕으로 희망을 노래하라. 모든 하나님이 귀하게 쓰신 사람들은 광야 대학을 졸업한 사람들이다. 광야는 전공 필수이다. 나의 삶과 광야 체험을 함께 나누어 보자. 광야의 체험이 나의 사명이다. 다윗을 통해서 배우는 한 줄은, "진정한 지도자는 광야에서 보석처럼 빚어져 쓰임 받는다"는 사실이다.

하나님 여호와를 힘입고 용기를 얻었더라.

– 구약성경 사무엘상 30:6

욥이라고 하는 사람은 고난의 용광로에서 빚어졌다

구약성경에 나오는 욥은 왜 의인이 고난을 당하는가에 대한 해답을 준다. 욥기를 보면 욥은 "동방 사람 중에 가장 큰 자라_{욥1:3}"고 기록하고 있다. 그는 "우스" 땅에 살고 있었는데 그곳은 예레미야 25:20을 보면 에돔에 있던 어떤 지역으로 보인다. 어느 날 사탄이 하나님 앞에서 욥이 하나님을 섬기는 것은 까닭이 있기 때문이라고 하면서 욥을 헐뜯었다. 그래서 하나님께서는 사탄에게 욥의 신앙을 시험할 수 있도록 허락하신다.

욥은 우스 땅에 살면서 최고의 부자였다. 그런데 하루 아침에 열명의 자녀, 양 7,000마리, 약대 3,000마리, 소 500마리, 암나귀 500마리를 잃었다_{욥1:3}. 삶에 엄청난 고난을 겪게 된 것이다. 그러나 그는 입술

로도 하나님을 원망하지 않고 찬양했으며율1:22-23, 믿음으로 고난을 잘 감당했을 때 하나님은 욥의 고난을 돌이키시고 갑절의 복을 베풀어 주셨다율42:10-17.

욥은 고난의 한가운데 있을 때 다음과 같은 고백을 하였다. "나의 가는 길을 그가 아시나니 그가 나를 단련하신 후에는 내가 정금같이 나오리라율23:10." 의인 욥이 받은 고난의 삶을 통해서 배우는 교훈은, 하나님은 귀한 믿음의 사람들을 쓰시기 위해서 욥처럼 고난을 통해서 정금처럼 다듬어 쓰신다는 사실이다. 또한 욥은 고난의 때에 "인생의 발걸음이 치우치지 아니하였다율23:17"라고 고백하고 있다. 또 욥은 고난의 때에 하나님의 말씀을 소중히 여겼다율23:12. 그리고 욥은 그 고난의 시간에 하나님을 바라보았다율23:17.

훗날 야고보 사도는 욥의 고난을 생각하며 고난 받는 자들을 이렇게 위로한다. "시험을 참는 자는 복이 있도다. 이것에 옳다 인정함을 받은 후에 주께서 자기를 사랑하는 자들에게 약속하신 생명의 면류관을 얻을 것임이니라약1:12."

우리는 여기서 왜 하나님께서 사탄에게 "내가 그의 소유물을 다 네 손에 붙이노라율1:12", "내가 그를 네 손에 붙이노라율2:6"고 하셨는지 이해하지 못한다. 어떻게 전능하신 하나님께서, 또 욥을 그처럼 사랑하시는 하나님께서 마치 욥을 헌신짝처럼 그렇게 버리실 수 있을까? 그러나 우리는 하나님께서 사탄에게 욥을 시험하도록 허락은 했으나 그의 생명에는 손을 댈 수 없도록 하셨다는 점을 간과해서는 안된다. 욥 1:12절에 보면 하나님께서는 사탄에게 "오직 그의 몸에는 네 손을 대지 말지니라"고 말씀하셨다. 하나님께서는 욥에게 한순간도 눈을 떼지 않으셨던 것이다. 따라서 욥의 고난에는 하나님의 큰 의미가 있었던 것이다.

오늘 나의 삶에 고난이 있다면, 욥의 고난의 삶을 거울삼아 고난의 터널을 믿음으로 잘 통과하여 욥이 받았던 갑절의 복을 받도록 하여야 할 것이다. 욥을 통해서 배우는 한 줄은, "고난의 시간에 보석같이 빚어갈 하나님을 끝까지 신뢰한다"는 진리이다.

그러나 내가 가는 길을 그가 아시나니
그가 나를 단련하신 후에는
내가 순금같이 되어 나오리라.

– 구약성경 욥기 23:10

바울의 고난이
유럽문명을 탄생시켰다

   기독교 2,000년 역사에서 가장 큰 인물 중에 하나인 사도 바울을 만난 것은 1982년이었다. 바울이 옥중에서 기록한 옥중서신을 통해서였다. 에베소서를 통해서 교회가 무엇인지를 배웠고, 빌립보서를 통해서 고난 중에 인생이 갖는 참 기쁨의 의미를 배웠다. 그리고 골로새서를 통해서 예수 그리스도의 주 되심을 분명히 깨달았다.

   사실 사도바울은 너무 유명한 인물이기에 수많은 서적들과 자료들이 있다. 학문적으로 접근한 많은 저명한 저서들이 있다. 나는 F.F.Bruce가 쓴 사도 바울에 관한 책을 좋아한다. 그러나 여기서는 학문적 연구보다 믿음과 체험적 고백의 글을 쓰려고 한다. 바울을 만나기 전에는 나는 실존주의 철학책들을 많이 읽고 고민하고 있었다. 니체, 사르트르, 하이데거, 쇼펜하우어의 책들을 읽었고, 진리를 바로 깨닫지 못했기에 구도자로서 많은 정신적 탐구의 시간을 보냈다.

대학 1학년 때에는 공학을 공부하던 내가 불교의 진리를 알고 싶어서 성철스님을 만나려고 해인사에 갔었다. 해인사에 한 주간 머물면서 많은 인생의 질문들을 던졌었다. 마침 함께 방을 쓰던 스님에게 물었다. "왜 머리 깎고 이 산중에 들어와 스님이 되었습니까?"라고. 그는 2가지 인생의 문제의 해답을 얻고자 스님이 되어 구도자의 길을 걷고 있다고 말했다. 하나는 죽음의 문제이고, 둘째는 사랑의 문제라고 하였다. 그 후 나는 불경과 성경을 비교해가며 여러 번 읽어보았다. 어렴풋이 인간의 삶에 가장 큰 문제 중에 하나인 죽음의 문제와 사후 세계에 대해 이런저런 생각들을 정리하다가 군에 입대하게 되었는데, 1982년 3월 6일 예수님을 인격적으로 만나고 모든 의문과 의심이 풀렸다요4:13~14.

그리고 예수 그리스도에 대해서 명확하게 해석을 해주고 설명을 해준, 내 인생의 정신적 방황에 종지부를 찍게 해준 인물이 사도 바울이다. 신약성경의 13권의 바울의 서신을 읽고 또 읽고 묵상하면서, 실존주의 철학에서 해답을 찾으려 하였고, 불교에서 진리를 찾으려 하던 내게 분명한 해답을 주었다. 특히 바울의 에베소서에 기록된 "주 안에서in christ"는 내 인생의 정신적 방황과 추구를 멈추게 하고 예수 그리스도의 진리 속으로 들어가 영혼의 닻을 내리게 한 앵커와 같은 단어였다. 사도 바울 자신도 유대교에 있던 그가 예수 그리스도를 인격적으로 만나고 그의 모든 고백 속에는 "그리스도 안에서"라고 하는 고백이 중심에 있지 않은가?

바울의 서신을 통해서 바울을 만나고, 예수 그리스도를 명확히 이해한 나는 신학을 하여 주의 종의 길을 걸을 수 있었고, 그 후 바울의 삶의 현장과 공간을 방문하고 싶었다. 2007년 터어키 땅에 가서 바울의 발자취를 따라가 보았다. 바울의 생가가 있는 다소에서 다시 한 번 작은 도시 다소에서 태어나 세계를 품고 살아간 바울을 깊이 생각해 보았다. 바울 한 사람을 통해서 기독교는 세계적인 종교로 자리매김하였고, 바울의 신약서신은 진리에 대해 고민하는 많은 영혼들에게 해답을 명확히 제시해 주었다. 특별히 체계적인 교리서신인 로마서를 통해서 수많은 믿음의 거성들이 일어났다. 웨슬레, 루터, 어거스틴... 모두 다 바울의 로마서를 통해서 새로운 깨달음을 얻고 믿음으로 일어나지 않았는가? 그러한 면에서 보면 사도 바울이야말로 기독교 2000년 역사에 가장 큰 인물이라고 할 수 있겠다.

예수 그리스도를 구주로 만난 바울의 일생은 평생 독신으로 살면서 온전히 바쳐진 일생이었다. 바울은 목회자였고, 선교사였으며, 저술가이며, 기도의 사람이었다. 바울은 20대에 내 인생의 젊은 날의 방황을 멈추게 한 진리의 사도이며 영혼의 멘토이다. 사도 바울을 통해서 배우는 한 줄은, "주님께 바쳐진 한 생애는 너무나 아름답고 가치 있는 인생"이라는 사실이다.

사도 바울이 타고 간 배가
유럽 문명을 탄생시켰다.

– 아놀드 토인비

사람의 힘으로
일어나다

사람의 힘으로 일어난다. 순탄할 때는 몰랐는데, 인생의 광야를 겪어보니 사람에 대한 새로운 이해가 생긴다. 사람이 새롭게 보인다. 고난을 겪는 사람을 일으키는 사람은, 더 큰 고난을 겪고 일어난 사람의 이야기이다. 가혹한 시련을 겪으면서 딛고 일어난 징키스칸의 이야기가 나를 정신 차리게 했다. 역사 속의 사람들, 성경 속의 사람들의 이야기를 다시 보게 되었다. 특히 그들이 어떻게 고난을 겪고 다시 일어나게 되었는가에 초점을 맞추고 살펴보았다.

귀중한 사람들은 고난과 광야대학에서 만들어짐을 배웠다. 어렵고 힘든 시기를 겪으면서 사람은 귀중한 명품 인생으로 만들어짐을 배웠다. 마치 애벌레가 고치를 뚫고 나오면서 나비가 되듯이, 사람은 고난의 힘으로 날게 됨을 배웠다. 넬슨 만델라가 남아공을 하나로 묶을 만한 인물로 준비된 것은 로벤섬에서의 27년 6개월간인 1만 시간의 고독한 시간을 겪고 난 후였음에 큰 위로를 받았다. 아, 그렇구나, 사람은 그렇게 고난을 겪으면서 만들어지는구나. 확신을 갖게 된 계기가 되었다.

성경의 인물들 중에도 원리는 같았다. 모세, 요셉, 다윗, 욥, 바울 등 그들이 귀하게 쓰임 받기까지 모두다 광야수업을 통해 다듬어졌음을 배웠다. 교회 역사의 인물들도 마찬가지이다. 허드슨 테일러, 찰스 풀러의 이야기는 깊이 생각해 볼수록 공감을 하게 된다. 귀한 인물들은 한 사람도 예외가 없이 광야수업을 통해서 귀중한 사람들로 준비되었음을 배웠다. 사람이 사람을 일으킨다. 내가 힘든 시간을 겪어보니, 이제야 사람을 알게 된다.

내가 힘든 시간을 보낼 때 내 주변의 사람들은 없었다. 그 모질고 힘든 외로움의 시간들을 견디면서 내 자아가 깨어지고 나 역시 변하기 시작했다. 그리고 새로운 사람으로 다시 태어나기 시작했다. 홀로 있는 동안 외로움을 통해 내면을 깊이 돌아보았고 나의 부족함을 깊이 반성하게 되었다. 그리고 사람이 얼마나 소중한 존재인가를 새롭게 배웠다.

나는 지난 몇 년의 혹독한 고난의 시간을 사람의 힘으로 일어났다.

나보다 더 큰 고난을 겪고도 일어난 사람들의 이야기를 접하면서 다시 일어나고자 하는 용기를 갖게 되었다. 확실히 사람이 힘들 때 일어나게 하는 것은 더 큰 고난을 딛고 일어난 사람의 이야기이다. 넬슨만델라가 1만 시간의 고독한 시간을 보내고 로벤섬에서 나오면서 한 말이 얼마나 위로가 되는 모른다. "인생의 가장 큰 영광은 결코 넘어지지 않는 데 있는 것이 아니라 넘어질 때마다 일어서는 데 있다"는 말이다.

내가 온 정성을 다해 지은 건물이 경매가 되고 파산자가 되었을 때, 나는 사람들을 만나기 두려웠고 내 마음에는 실패감이 있었다. 그 시점에 넬슨 만델라의 스토리를 접하면서 인간은 넘어질 수도 있고, 더 중요한 것은 다시 일어나는 데 있다는 말을 통해서 다시 일어나고자 용기를 갖게 되었다.

요즘 사람을 다시 만난다. 그런데 사람이 보인다. 고난을 겪기 전보다 사람이 소중해 보인다. 그리고 사람을 보는 기준도 분명해졌다. "저 사람은 인생의 광야대학을 졸업한 사람인가"라는 질문을 던져 본다. 사람의 힘으로 일어났으니, 사람을 일으키는 삶을 살아가려고 한다. 사람이 답이다. 사람이 사람을 일으킨다.

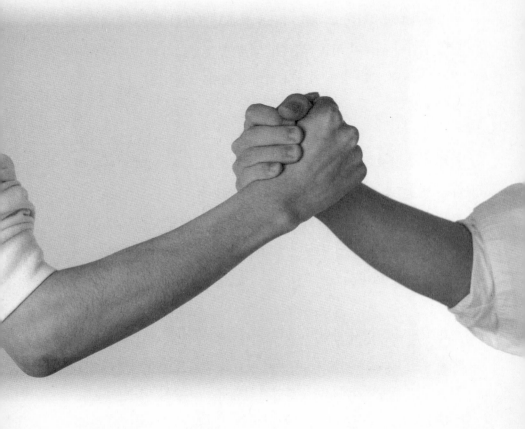

*
일어나다

고난을 겪는 사람을
일으키는 것은,
더 큰 고난을 겪고
일어난 사람의 이야기이다.

─ 박 성 배

66

사람이 아름다운 것은 꿈이 있기 때문이다
꿈꾸는 사람은 실패를 두려워하지 않는다
꿈꾸는 사람은 끝까지 포기하지 않는다
꿈이 있는 사람은 꿈의 말을 사용한다
나는 책과 관련하여 많은 꿈을 꾸고 있다
통일한국의 그날이 가까이 다가오고 있다
한국인의 시대가 다가오는 것을 꿈꾼다
나는 인생 2막의 멋진 꿈을 꾼다
살아 있는 동안 꼭 해야 할 꿈 목록을 적어봅니다
꿈의 힘으로 일어나다

99

제 4 장

꿈의
힘으로
일어나다

사람이
아름다운 것은
꿈이 있기 때문이다

노래를 잘 부르는 사람보다

노래를 잘할 수 있다는 꿈을 가진 이가 더 아름답다

지금 공부를 잘하는 사람보다

공부를 더 잘할 수 있다는 꿈을 간직한 이가 더 아름답습니다

숱한 역경 속에서 아름다운 삶을 꽃피운 사람들은

한결같이 원대한 꿈을 가졌습니다

암울의 시대에 문지기를 자청했던 김구 선생도

대한민국의 독립을 꿈꾸었습니다

젊고 나약하기만 했던 간디도

인도 독립의 꿈을 버리지 않았습니다

두 귀가 먼 절망의 늪에서도

베토벤은 위대한 교향곡을 꿈꾸었습니다

꿈이 있는 사람은 아름답습니다

돈을 많이 가진 사람보다

돈을 많이 벌 수 있다는 꿈을 가진 이가 더 행복합니다

글을 잘쓰는 작가보다도

글을 잘 쓸 수 있다는 꿈을 안고 사는 이가 더 아름답습니다

꿈은 인간의 생각을 평범한 것들

위로 끌어올려 주는 날개입니다

내일에 대한 꿈이 있으면

오늘의 좌절과 절망은 아무런 문제가 되지

않습니다

꿈은 가진 사람이 아름다운 것은

자신의 삶을 긍정적으로 바라보기 때문입니다

인생의 비극은 꿈을

실현하지 못한 데 있는 것이 아니라

실현하고자 하는 꿈이 없다는 데 있습니다

절망과 고독이 자신을 에워쌀지라도
원대한 꿈을 포기하지 않는다면 인생은 아름답습니다

꿈은 막연한 바람이 아니라
자신의 무한한 능력을 담는 그릇입니다

– Fuellenbach의『불을 놓아라』중에서

내 인생의 꿈 목록을 적어 본다

• 사는 날 동안 최고로 행복한 부부로 살다가 천국 가기
• 베스트셀러 작가를 넘어 마찌니, 피히테, 사무엘처럼 민족에 세
  계에 희망을 주는 사상가 되기
• 다산 정약용이 520여권의 저서를 남겼던 것처럼 좋은 책을 많이
  남겨서 후대에 진리의 등불이 되기
• 내 책들을 차 트렁크에 가득 싣고 대한민국 구석구석에 다니며
  복음과 희망을 전하는 멘토 되기
• 인천공항 비행기를 내 자가용 비행기처럼 타고 세계 열방에 다
  니면서 전 세계 영혼들에게 복음과 희망을 심어주는 멘토 되기

- 통일된 대한민국의 평양에서 세계를 이끌어 갈 글로벌 인재를 키우는 한우리미션센타 시작하기
- 박 사무엘 라이브러리에 10만권 이상의 양서를 비치해 놓고 각계 각층의 최고 전문가들과 대한민국의 희망과 미래를 만들어 가기
- 복음 방송과 공영 TV에서 내 이름을 걸고 고정 프로그램 진행하기

오랫동안 꿈을 그리는 사람은
마침내 그 꿈을 닮아 간다.

– 앙드레 말로

꿈꾸는 사람은
실패를 두려워하지 않는다

나는 살아오면서 여러 번의 실패를 경험했다. 중학교를 졸업하고 고등학교 진학할 때 실업계 학교에 응시했다가 낙방을 해서 인문계로 진학을 했다. 고등학교를 졸업하고 치른 예비고사에서 낙방했다. 재수까지 해서 치른 대학시험에서 낙방했다. 최근 몇 년 전에는 건물이 경매되고 파산을 경험했다. 이번에는 일어나지 못할 것이라고 말할 만큼 힘든 실패를 경험했다. 무척이나 힘들기는 했지만 다시 딛고 일어나 보니, 살아가면서 겪는 실패는 더 큰 성공으로 가는 하나의 과정이었다. 그래서 나는 이제 실패를 두려워하지 말고 계속해서 꿈을 꾸며 나아가야 함을 배웠다. 꿈은 실패를 먹고 더 크게 자라기 때문이다.

나는 경매와 파산을 경험하면서 깊이 나를 돌아보았다. 그 실패의 기간 동안 나의 부족한 부분이 무엇인가를 돌아보게 되었다. 더 집중해서 책을 보게 되었고, 사람들을 연구하였고, 다시 꿈을 꾸게 되었다. 내 건물 하나 지어서 잘살려고 하던 꿈에서 이제는 전 세계의 많은 사람들과 함께 꿈을 만들어가는 사람으로 변화되었다. 실패 덕분에 나는 도서관에서 만 여권의 책을 보고 지금 이 책을 쓰고 있다. 다시 더 큰 꿈을 꾸게 되었다. 내 이기적인 야망의 꿈이 아니라 모두를 유익하게 하는 꿈을 새로이 갖게 되었다. 앞으로 실패와 고난의 샘에서 길어 올린 책들을 계속 쓰면서 실패한 잠재적 성공자들에게 희망과 용기를 주는 일을 하고자 한다. 그러한 의미에서 보면 실패는 더 큰 성공으로 가는 하나의 과정이다.

미국 실리콘벨리에서 중요시 여기는 정신은 "실패를 두려워하지 않는 정신"이라고 한다. 스탠퍼드대 마이크 라이언스 교수는 "창업자들이 실패하는 것을 허락하는 사회적 환경이 중요하다."고 말한다. "실패를 처벌하는 사회는 매우 좋지 않은 사회"라고 말한다. 실리콘벨리 창업 기업 70%가 망했고, 재도전으로 성공한다고 말한다. 미국 항공 우주국NASA에서는 "실패한 경험이 있는 사람을 우선 선발한다."고 한다. 그 만큼 실패를 통해서 더 배우는 것이 많고, 꿈꾸는 사람은 꿈을 실현해 가는 과정에서 필연적으로 실패라고 하는 강을 건너가야 하기 때문일 것이다.

독일에 살다가 히틀러의 박해를 피하여 미국으로 옮겨가 프린스턴 대학에서 강의하였던 유명한 신학자가 있다. 폴 틸리히 Paul Tillich이다.

그가 용기, Courage에 대하여 내린 정의가 있다. 그에 따르면 "용기란 가장 중요한 것을 얻기 위하여 두 번째, 세 번째 중요한 것을 버릴 수 있는 것이다."라고 정의하였다. 사람이 한평생을 살면서 진정으로 용기가 필요할 때가 있다. 실패하였을 때에, 좌절하게 되었을 때에 그 자리에 머물지를 말고 다시 시작할 수 있는 용기이다. 사람들은 왜 다시 시작하지 못하는가? 자신이 실패한 것을 스스로 인정하지 못하기 때문이다. 과감히 버리지 못하기 때문이다. 버리고 다시 시작할 수 있는 용기를 지니지 못하기 때문이다.

미국의 하워드 슐츠란 사람이 특별한 커피점을 세울 계획서를 손에 들고 투자할 사람들을 찾아다녔다. 그러나 누구도 그를 믿고 투자하려는 사람이 없었다. 그러나 그는 거절당할 때에 포기하지 않았다. 다시 사람을 찾아 나섰다. 217명으로부터 거절을 받았다. 그러나 218번째로 만난 사람으로부터 투자 받을 수 있었다. 그리고 성공하였다. 바로 스타벅스 커피점이다.

월트 디즈니는 허허벌판에 디즈니랜드를 세울 계획서를 손에 들고 이 은행 저 은행을 찾아다니며 투자를 설득하였다. 그러나 어느 은행도 백수건달 같은 그를 믿으려 들지 않았다. 무려 20년이 넘는 세월 동안 그 계획서를 들고 은행들을 찾아다닌 결과 드디어 한 은행이 투자를 결심하였다. 그렇게 시작한 디즈니랜드가 공전의 히트를 쳐서 세계의 디즈니랜드로 자라게 되었다. 지금도 디즈니랜드는 고맙게도 투자하여 준 그 은행만을 거래하고 있다고 한다.

당신도 하워드 슐츠처럼 할 수 있는가? 월트 디즈니처럼 할 수 있겠는가? 당신의 꿈을 이루기 위하여 217명을 찾아다니며 설득하고 또 설득할 수 있겠는가? 한 가지 목표를 이루기 위하여 20년을 노력하며 기다리고, 실패할 때마다 다시 시작할 수 있는 용기를 지닐 수 있겠는가? 꿈꾸는 사람은 실패를 두려워하지 않는다. 나는 실패를 재산 삼아 다시 꿈을 꾸고 있다. 꿈꾸는 사람은 실패를 두려워하지 않기 때문이다.

꿈은 이루어지기 전까지는
꿈꾸는 사람을 가혹하게 다룬다.

– 윈스턴 처칠

*
꿈의 힘으로 일어나다

꿈꾸는 사람은
끝까지 포기하지 않는다

　살다보면 "내 인생은 여기까지인가 보다."하는 생각을 하며 다 포기하고 싶을 때가 있다. 나는 빚진 가운데서 전기비, 가스비 등 모든 것이 연체되어 있었던 적이 있었다. 이제 끝인가 보다 하고 하루 종일 방에 누워있었다. 그러다가 저녁때 일어나 간신히 인천공항에 있는 서점에 간 적이 있다. 아무 기대도 없이 그냥 마지막이라는 생각으로 갔었다. 그때 인천공항서점에서 우연히 눈에 들어온 책이 『마음이 꺾일 때 나를 구한 한마디』라는 책의 176페이지에 있는 한 구절이었다. "이제 다 틀렸다는 생각이 들더라도 씩씩하게 한 발을 내딛어라. 그러다 보면 어떤 어려움도 헤쳐 나갈 수 있다."라는 구절이었다. 일본의 세계적인 영화감독 구로사와 아키라 감독의 말이었다.

구로사와 아키라 감독은 영화를 찍다가 큰 실패를 경험했다고 한다. 너무 비싼 비용을 들여서 영화를 찍는다고 해서 아무도 투자를 하지 않게 되자 낙심하여 결국 병원에 입원하여 자살을 기도하였다. 그의 나이 62세 때였다. 다행히 목숨은 건진 그는 병상에 누워 자신의 인생을 깊이 돌아보았다고 한다. "내가 진짜 좋아하는 일이 뭘까?" 그는 '내가 진짜 하고 싶은 일은 영화를 찍는 일'이라는 결론을 내리고 퇴원하여 그때부터 스스로 영화의 배경에 들어갈 그림을 그리기 시작하였다고 한다.

아무도 영화를 찍자고 재정 후원을 하는 사람도 없었지만 그는 200여 점의 그림을 그렸다고 한다. 그 무렵 미국의 젊은 영화 감독이 그의 집을 방문했다가 감동을 받고 미국의 20세기 폭스사가 50만 달러의 자금을 대도록 연결해 주었다. 이렇게 해서 『카게무샤』는 무사히 제작될 수 있었다. 어려운 가운데서 완성한 『카게무샤』는 칸영화제에서 그랑프리를 수상했고, 27억 엔이 넘는 흥행 수입을 올리며 일본영화의 신기록을 세웠다. 영화를 찍지 못하는 상황에서 쓸모없을지도 모르는 콘티를 묵묵히 그려냈기에 코폴라와 루커스의 마음을 움직일 수 있었고, 흥행 신기록을 세울 수 있었다. 그 구로사와 감독의 말이 나를 다시 꿈꾸게 하였다.

나는 구로사와 감독의 그 말에 용기를 얻어서 다시 시작했다. 지인의 도움으로 연체되었던 전기비, 가스비 등은 해결이 되었고, 빚 가운데서 건물은 경매가 되고 절차를 거쳐서 나는 면책을 받았다. 그리고 나는 구로사와 감독이 그림을 그렸던 것처럼, 이 책을 쓰고 있다. 나처럼 절박한 고난을 겪고 있는 사람들에게 다시 일어날 희망을 주리라는 꿈을 가지고 이 책을 쓰고 있다. 『일어나다』 제목처럼, 내가 다시 일어나고, 내 주변 사람들이, 이 책을 읽는 모든 사람들이, 힘들어하는 이 나라 젊은이들이 다시 일어나는 용기를 갖게 되기를 바란다. 꿈꾸는 사람은 끝까지 포기하지 않는다.

2차 세계대전 중 독일의 히틀러 총통으로 인하여 많은 유대인들이 고통을 당하였다. 유대인이라는 이유 하나로 강제 노동을 하여야 하였고 엄청난 숫자가 학살을 당하였다. 그 당시 유대인 수용소에 수감되어 있었던 사람들 중에 빅터 프랭클Victor E. Frankl, 1905~1997이라는 이름의 학자가 있었다. 죽음의 수용소에서 몸으로 체험한 이야기를 소재로 "의미요법"을 만든 아주 높은 수준에 이른 심리학자이다. 그에게는 살아야겠다는 꿈이 있었기에 그 모진 시간을 견디지 않았나 싶다. 그는 비참한 수용소 생활을 하면서 동료 유대인들을 주의 깊게 살폈다. 모두들 실의와 좌절에 빠져 하루하루를 근근이 살아가고 있었다. 그런 중에서 자포자기하여 삶의 의욕을 잃은 사람들이 먼저 죽어 나갔다. 굶주림으로 죽는 것이 아니라 절망으로 죽는 것이었다. 그런 중에서 프랭클 박사는 한 가지 특이한 현상을 볼 수 있었다. 강제수용소의 절망적인 환경 중에서도 희망을 잃지 아니하고 하루하루를 꿈을 지니고 살아가는 사람들이 있었다. 중요한 것은 그렇게 희망을 품고 살아가는 사람들은 마지막까지 견뎌 나간다는 사실이었다. 그는 심리학자이었기에 이런 사실에 주목하며 관찰하던 중 한 가지 중요한 사실을 발견하게 되었다. 살아야 할 의미를 지닌 사람은 어떤 역경도 극복하며 나아가는 힘이 있다는 사실을 알게 되었다. 프랭클 박사는 이런 체험을 살려 훗날에 정신질환 치료의 독특한 원리를 창안하였다. 의미요법이란 방법이다.

요즘 우리 사회를 보면 힘들고 어렵기 때문에 스스로 목숨을 끊는 사람도 많고, 쉽게 인생을 포기하고 자포자기로 살아가는 사람들이 많다. 빅터 프랭클의 예로 보듯이 아무리 어려운 상황이라고 하여도 살아야 할 의미를 갖는 사람은 살아남는다. 유명한 빅터 프랭클의 의미요법은 처절한 죽음의 수용소에서의 체험에서 나온 이론이다. 오늘 나도 내 삶에 살아야 할 의미를 발견할 때 살아갈 수 있다.

나도 2013년 건물이 경매되고 파산을 하게 되었을 때, 그러한 생각이 들기도 했다. 이제 내 인생은 여기서 끝인가. 내 인생은 여기까지인가. 더 이상은 갈 수 없나 보다. 이래서 사람들이 자살을 하는구나. 건물이 경매되고 한동안 참 힘들었다. 구로사와 감독의 말처럼, "이제 다 틀렸다는 생각이 들더라도 포기하지 말자. 한발 더 내딛자." 내가 포기하지 않고 다시 시작했던 것처럼, 여러분도 다시 시작할 수 있기를 바란다. 꿈꾸는 사람은 끝까지 포기하지 않는다.

위기는 시련이 아니라
한 단계 도약하기 위한 기회의 발판이다.
누구나 위기를 겪으면서 성장합니다.
거기는 알을 깨고 나가야 하는
고통이 따르지만 그런 과정을 거쳐야
진정 홀로 설 수 있습니다.

– 선준호

꿈이 있는 사람은 꿈의 말을 사용한다

　　몇 년 동안의 고난의 세월을 지나면서 내 안에 형성된 확신의 말이 있다. 그것은 "나는 못 할 일도 없고, 못 만날 사람도 없다."라는 말이다. 계속해서 책을 보면서 고난을 딛고 일어난 사람들의 말을 내 삶에 채워 가면서, 절망 속에서도 꿈을 그려가면서, 그리고 믿음을 가지고 나아가면서 보석 같은 나의 말이 생긴 것이다. 사람은 고난을 겪으면 부정적인 말을 하는 사람과 반면에 희망과 긍정의 말을 하는 사람으로 변한다. 다행히 나는 혹독한 고난의 시간을 거치면서 그 모든 고난 속에서도 굴하지 않는 희망의 말을 내 안에 희망의 나이테처럼 쌓아 갔다.

　　구약성경 민수기 13장과 14장에 보면 이스라엘 백성의 지도자인 모세가 가나안 땅 정복을 위해서 12명의 정탐군을 파견하는 내용이

나온다. 40일간 가나안 땅을 정탐하고 돌아온 정탐군들은 두가지로 보고를 하였다. 10명의 정탐군들은 그 땅을 절대로 정복하지 못한다고 보고를 하였다. 그 이유는 그 땅의 거민들은 장대하고 그에 비해서 우리는 메뚜기 같이 작기 때문이라고 하였다. 결국 그들은 그들의 말대로 가나아안 땅에 들어가지 못하였다. 그러나 두명의 정땀꾼인 여호수아와 갈렙은 달랐다. 그들은 이렇게 말하였다. "우리가 올라가서 그 땅을 차지하자."라고 믿음의 말을 하였다. 결국 그 땅을 정복한 새 역사의 주인공들은 믿음의 말을 하였던 여호수아와 갈렙이었다.

나는 지금 극동방송 <통일을 앞당겨 주소서> 프로그램을 진행하고 있다. 각계각층의 통일 전문가를 모셔서 그들의 이야기를 듣는 시간이다. 강사 섭외를 하면서 내스스로 정한 원칙이 있다. 그것은 나는 누구든지 만날 수 있고, 통일분야의 전문가이면 누구든지 섭외하여 인터뷰할 수 있다는 말이었다. 그 말대로 <통일을 앞당겨 주소서> 프로그램에 대한민국 최고의 통일 전문가들을 모셔서 인터뷰를 진행할 수 있었다. 통일의 꿈을 가진 전문가들이 북녘 땅을 향하여 들려주는 통일의 말이 언젠가는 결실을 맺어 통일의 그날이 오리라고 믿게 되었다.

몇 년의 광야 수업을 받으면서 깨닫는 진리 중의 하나는 "말은 곧 그 사람이다."라는 진리이다. 꿈이 있는 사람은 꿈의 말을 사용한다. 부정적인 사람은 부정적인 말을 사용한다. 방송 일로, 학교 강의 일로, 글쓰기 강좌 일로, 많은 사람들을 만난다. 그러면서 다시 배우는 삶의 레슨은 "나는 꿈의 말을 사용하는 사람이 되어야겠다."라는 다짐이다. 극동방송 통일 프로를 진행하니까 나에게 통일은 언제쯤 될 것 같으냐고 묻는 분들이 계신다. 나는 그때마다 이렇게 말한다. "통일은 가까이 다가오고 있습니다. 우리가 준비를 잘하고 있으면 때가 되면 하나님이 통일의 그날을 주실 것입니다."라고 말한다.

나는 앞으로 다음과 같은 말을 하면서 살고 싶다.

1. 내 잘못입니다. 자신의 잘못을 인정할 수 있다면 실수를 바로잡고 해결책을 모색할 수 있다.

2. 미안합니다. "미안합니다"라고 말할 때 상대방의 입장을 알 수 있으며 관계를 개선할 수 있으며 상대의 장점을 볼 수 있다.

3. 할 수 있습니다. 실패에 대한 두려움, 비난과 웃음에 대한 걱정이 있겠지만 목표를 가지고 도전한다면 무엇이든 할 수 있다.

4. 당신을 믿습니다. 세상에서 가장 강력한 말 중 하나는 흔들리지 않는 믿음의 말이다.

5. 당신을 신뢰합니다. 가까이 있는 사람들의 장점과 미래의 희망을 보며 신뢰의 말을 하며 산다.

6. 당신이 자랑스럽습니다. 미래에 대한 두려움과 정체성이 흔들리는 사람들에게 "당신이 자랑스럽습니다"는 말로 위로한다.

7. 고맙습니다. "고맙습니다"라는 말은 배려에 대한 감사를 보이는 일이며 사려 깊은 생각에 대한 인정이다.

8. 당신이 필요합니다. 자신이 필요한 사람이라고 인식될 때 긍정

꿈의 힘으로 일어나다

적이며 더 잘할 수 있게 됩니다. 더 많은 일을 하게 된다.

9. 사랑합니다. 사랑은 항상 우리 주변에 있다. 배우자, 가족과 친구 또한 우리의 만나는 사람들을 위해 사랑을 찾고 또 사랑을 키워 나가야 한다.

10. 존경합니다. 내가 만나는 사람은 다 나의 스승이다. 상대방의 가치를 인정하고 존중한다.

내가 건물을 지으면서 스트레스를 받아 이가 16개나 빠진 적이 있었다. 전주에 있는 최고 전문가 닥터진치과 진우정 박사의 도움을 받아 인플란트로 새로 해 넣는 과정에서 깨달은 점이 있다. 1년간 잇몸 치료를 하고 인플란트를 심기 전에 잇몸에 철심을 박았다. 그리고 그 위에 인플란트를 튼튼히 고정하였다. 그야말로 입에 철이 들어갔다. 그래서 나는 지금 만나는 사람들에게 말한다. "나는 입에 철든 사람이니 빈말은 안 한다."라고 말이다. 철든 말, 꿈의 말을 하며 살고자 한다. 꿈이 있는 사람은 꿈의 말을 한다.

나는 못 할 일도 없고,
못 만날 사람도 없다.

– 박성배

나는
책과 관련하여
많은 꿈을 꾸고 있다

어느 분야든지 전문가들이 있다. 보험설계사, 자산 관리사, 건강 관리사 등 여러 부류의 전문 관리사들이 있다. 내가 꿈꾸는 전문 영역 중의 하나가 북컨설턴트Bookconsultant다. 북컨설턴트는 책을 가지고 사람들을 상담하는 기술이라고 할 수 있다. 나는 내가 읽었던 책 내용 중에 좋은 부분이 있으면 페이스북에 올려서 여러 사람들이 공유할 수 있도록 한다. 그렇게 페이스북에 올렸던 희망의 글들을 모아서 2권의 에세이집을 출간하기도 했다. 나름대로 그동안 SNS를 통해서 북컨설팅을 해온 셈이다. 그러나 이제부터는 전문 서적들을 계속 출간하면서 도움이 필요한 사람들에게 강의나 방송 등 다양한 방법으로 북컨설팅을 하고자 한다.

내게 북컨설턴트로서의 삶의 꿈을 심어준 다이애나 홍은 『책 속의 향기가 운명을 바꾼다』에서 자신이 책이 주는 힘으로 일어나 북컨설턴트로 살아가는 행복과 보람을 말하고 있다. 서문에 북컨설턴트가 된 사연을 감동적으로 쓰고 있다. 나 역시 책과 관련하여 많은 꿈을 꾸며 살아가고자 한다.

"책이 저를 살렸습니다. 아마도 책이 아니었으면 어떤 분들처럼 자살이라는 끔찍한 선택을 했을지도 모릅니다. 어떤 이는 술잔을 잡고 넘어지고 어떤 이는 책을 잡고 넘어집니다. 미칠 것만 같은 스트레스가 태풍처럼 몰려왔을 때 술잔 대신 책을 잡고 넘어졌습니다. 책 속의 주인공들은 저보다 훨씬 거친 쓰나미에 휩쓸려 떠내려가고 있었습니다. 그럼에도 한결같이 마지막 희망의 끈을 놓지 않았습니다. 세상을 다 삼킬 것 같은 쓰나미도 시간이 지나면 세월의 바닷물에 다다르게 되고 큰 바다를 만나면 소리없이 다 사라집니다. 책은 제가 혼자 외로이 흘리고 있는 눈물을 닦아준 손수건이었습니다. 숨이 막힐 때마다 살기 위해 책을 손에 들었습니다. 숨막히는 가슴을 뻥 뚫어주는 마법의 힘이 책갈피에서 나왔습니다. 좋은 책은 좋은 세포를 만듭니다. 세포가 건강해집니다. 힘들 때마다 읽었고, 외로울 때마다 읽었고, 고독할 때마다 읽었습니다. 읽고 나면 세포가 웃고 행복해졌습니다. 제게 독서는 행복입니다."

다이애나 홍이 그런 독서의 힘을 체험하고 기업의 CEO들을 돕는 것처럼, 나역시 동일한 체험을 한 사람으로서 다양한 부류의 사람들에게 북컨설턴트로서 도움을 주고자 한다. 사람이 고난을 당하는 사람들을 도울 수 있는 방법은 여러 가지가 있을 것이다. 돈 몇푼을 당장 손에 쥐어 줄 수도 있지만, 그것보다 좀 느린 것 같아도 책을 통한 공감을 나누며 힘을 줄 수 있다면 그것이 최고의 도움이 아닐까 싶다. 그러한 면에서 나는 내가 진정 책을 통해서 다시 살아난 힘을 얻었기에 이 시대의 모든 사람들에게 진정한 힘을 주는 북컨설턴트를 꿈꾼다.

두 번째로 책과 관련한 나의 꿈은 책쓰기이다. 책쓰기는 자신을 브랜딩할 수 있는 최고의 작업이다. 『당신도 베스트셀러 작가가 될 수 있다』의 저자 앨리슨 베이버스톡은 말한다. "자신의 브랜드와 경쟁력을 책이라는 이름으로 멋지게 포장해서 내놓는 일은, 세상의 그 어떤 방법보다 효과적인 자기 PR이다." 지금 이 책을 쓰는 목적도 지난 몇 년간 내가 인생의 광야 수업을 통해서 깨달은 체험을 스스로 정리하고, 고난을 겪고 있는 많은 사람들을 이 책을 통해서 일으키고자 하는 데 목적이 있다. 앞으로 나는 최고의 자기 브랜딩인 책쓰기를 통해서 많은 사람들에게 희망을 주는 작가가 되고자 한다. 책쓰기 학교를 통해서도 계속 책쓰는 꿈을 나누어 가고자 한다. 이 책을 시작으로 100권 이상의 책을 쓰고 싶다.

세 번째로 책과 관련한 나의 꿈은 "책 퍼주는 사람"이다. 배고픈 사람들에게 따뜻한 밥 한 그릇은 한끼 식사로서 최고의 희망을 주는 일이다. 마찬가지로 마음이 고픈 사람들에게 한 권의 책은 최고의 희망을 주는 마음의 양식이 된다. 내 마음이 힘들 때 나는 책의 힘으로 일어났기에 앞으로 내 책을 계속해서 써나가면서, 그 책을 가지고 희망을 전하며 마음이 고픈 사람들에게 책 퍼주는 사람이 되고 싶다.

네 번째로 책과 관련하여 나는 멋진 도서관을 갖고 싶다. 내 바이블 이름을 딴 "사무엘 라이브러리Samuel Libray"를 갖고 싶다. 그곳에 수많은 책들을 비치해 놓고 앞으로 다가올 통일한국 시대의 일꾼을 양성하는 일을 하고 싶다. 사무엘이 라마나욧에서 통일이스라엘을 이끌었던 다윗과 그의 주변 사람들을 양성했던 것처럼, 통일한국 시대의 일꾼들을 양성하고 싶다. 나는 책과 관련하여 많은 꿈을 꾸고 있다. 그러한 의미에서 이 책은 큰 꿈을 향한 작은 출발의 씨앗이 되는 중요한 책이다. 이 책과 함께 책과 관련한 나의 많은 꿈과 미래의 희망들이 하나하나 이루어져 가기를 간절히 희망하면서 나는 한 자 한 자 꿈을 기록해 나가고 있다.

나는 책을 통해서 힘을 얻고 일어났기에
내가 만나는 사람들을 책으로 일으키고 싶다.
책 퍼주는 사람이 되고 싶다.
나는 북컨설턴트를 꿈꾼다.

－박성배

통일한국의 그날이 가까이 다가오고 있다

요즘 우리 주변에서 통일에 대한 이야기를 많이 듣는다. 2014년 박근혜 대통령이 "통일은 대박이다."라고 선언한 이후 통일에 대한 관심이 구체화되어 가고 있는 것이 사실이다. 2015년은 해방 70주년이 되는 뜻깊은 해이다. 남과 북이 분단된 지 어느덧 70년의 세월이 흘렀다. 구약성경에 보면 바벨론에 포로로 잡혀 가 있던 이스라엘 백성들이 70년 만에 귀환하는 내용이 있다. 시편 137편에 보면 이스라엘 백성들이 이방 땅인 바벨론 강가에서 간절히 기도하는 내용이 있다. "우리가 바벨론 강가에서 울었도다."시137:1. 바벨론 포로기의 이스라엘 백성들처럼 지금도 대동강변에서 통일의 그날을 간절히 기다리며 기도하는 북녘 땅의 백성들이 있을 것이다. 그래서 해방 70년이 되는 2015년을 기점으로 한반도에도 이제는 통일의 그날이 왔으면 좋겠다는 생각을 더 많이 하게 된다.

나는 얼마 전까지 통일에 관련한 이야기는 소위 통일의 전문가들
이나 이야기하는 걸로 생각하고 있었다. "나 살기도 힘든데 내가 무슨
통일의 이야기를 하나."하는 생각을 하고 살았던 것이 맞는 말이다.
그런데 최근 몇 년간 광야 수업을 하면서 도서관에서 만 여권의 책을
보았다. 그중에 한국 역사와 세계 역사에 관련된 책들도 많이 보았다.
우리의 역사 관련 서적을 몇 권 정독해 보면서 한반도의 통일은 이 시
대가 요구하는 역사적 과제라는 생각을 하게 되었다. 내가 재수시절
에 읽은 함석헌의 『뜻으로 본 한국역사』에 보면 "한반도의 분단은 신
이 낸 시험문제"라고 하였다.

생각해보니 맞는 말이다. 한반도의 통일문제는 "신이 낸 시험문제"
이다. 분단시대를 살아가는 모든 한국 사람들은 모두 다 힘을 합해서
그 문제를 풀어야 할 시대적 책임이 있다. 내가 어린시절에는 민통선
DMZ 마을에서 자랐다. 중학교 2학년 겨울까지 나는 애기봉 밑 북한
이 육안으로 보이는 마을에서 분단의 현실을 보면서 자랐다. 밤이면
북한에서 보내는 대남방송을 들으며 살았고, 북한에서 보내는 삐라
를 수도 없이 보았고, 가끔 간첩이 나타나면 예비군과 해병대가 밤새
도록 조명탄을 터뜨리며 수색작전하는 것을 보았다.

내 나이 22살에는 대학을 휴학하고 3년간이나 군대에 가서 세월

을 보냈다. 대한민국의 젊은이로서 누구나 하는 군 생활이지만 너무나 고된 청춘의 시간들이었다. 분단된 국가의 백성으로 살아가는 한 누구나 분단과 통일 문제에 있어서 자유로울 수 없다. 1990년에는 헝가리에 들어가서 공산권이 무너지는 현장을 내 눈으로 직접 목격하기도 하였다. 그래서 그런지 나는 최근 극동방송 <통일을 앞당겨 주소서>란 프로를 진행하게 되었다. 26회에 걸쳐서 각계각층의 통일 전문가를 모셔서 인터뷰하는 프로이다. 우리 사회의 가장 중요한 문제 중의 하나인 통일관련 주제를 가지고 전문가들을 인터뷰하면서 나는 내 나름대로 통일에 대해서 깊이 생각해 보게 되었다. 한반도가 통일이 되려면 어떻게 해야 할까? 통일 이후에는 어떻게 해야 할까? 이것은 분단시대를 살아가는 평범한 한 시민의 생각이다. 이 글을 읽는 독자 여러분도 나름대로 여러분의 통일에 대한 생각을 적어 보기 바란다.

　한반도 통일에 대한 나의 열 가지 생각과 원리를 적어본다.

　하나, 준비의 원리 - 인간이 할 수 있는 최선을 다하여 통일을 준비하여야 한다. 구체적으로 준비해야 한다. 통일은 말과 구호로만 되지 않는다. 독일 통일의 준비 과정에서 배울 점이 많다. 통일과 정과 통일 이후를 철저히 준비해야 한다.

　둘, 연합의 원리 - 작은 조각들이 모여서 통일의 큰 그림이 완성된다. 내가 초등학교 5학년 때 민통선 마을에 살면서 읽은 『이탈리아 통일 3걸전』에 보면, 이탈리아 통일은 정치지도자인 카부르, 군사지도자인

193
*
꿈의 힘으로 일어나다

가리발디, 사상가인 마찌니의 연합으로 이루어졌다. 대한민국의 통일도 각계각층의 다양한 의견과 생각들이 모아져서 이루어진다.

셋, 세밀함의 원리 - 통일을 이루어 가기 위해서는 작은 부분까지 세밀하게 점검하고 준비해 가야 한다. 극동방송 통일 인터뷰를 진행하다 보니까 다양한 분야들이 있다. 문화 부분, 통일 이후 북한 주민들의 마음을 치유할 상담 부분, 외적인 하드웨어를 만들어야 할 교통과 항공과 항만, 찰도 건설 부분 등 세밀하게 통일과 통일 이후를 준비해야 한다.

넷, 리더십의 원리 - 잘 준비된 사람이 답이다. 독일 통일에는 준비된 지도자 헬무트 콜이 있었다. 미국의 통일을 위해서는 준비된 지도자 링컨이 있었다. 오랜 분열을 겪은 남아공의 흑백문제를 해결하는 데는 로벤섬에서 27년 6개월간 준비된 넬슨 만델라가 있었다. 한반도 최초의 통일을 이룬 신라의 통일은 김춘추와 김유신이 있었기에 가능했다. 이스라엘의 통일을 위해서는 다윗이라는 지도자가 있었다. 한반도 통일을 위해서도 준비된 리더십의 사람이 필요하다.

다섯, 희망과 꿈의 원리 - 우리는 한반도 통일에 대한 희망과 꿈을 가져야 한다. 다행히 2015년 광복 70주년을 맞이하여 설문조사 한 내용을 보면 국민의 80% 이상이 통일을 희망한다고 하였다. 한강의 기적을 대동강의 기적으로 만들어갈 통일대한민국의 꿈을 우리 모두 가져야 한다.

여섯, 용서와 사랑의 원리 - 남과 북은 지난 70년간 서로 적대시하면서 살아왔다. 북한은 공산주의 사상으로 지금도 적화통일을 꿈꾸고 있는 집단이다. 이번에 2015년 8월 남북대치 국면에서도 또 보았지만, 남과 북이 진정으로 통일되기 위해서는 먼저 마음의 통일부터 이루어져야 한다. 우선 남한의 사람들은 힘들지만 28,000여명의 탈북자들을 사랑하고 품고 살아가는 훈련을 하여야 한다.

일곱, 소명의 원리 - 통일은 분단 시대를 살아가고 있는 우리 모두가 풀어야 할 과제이다. 결코 남의 이야기가 아니다. 주변 국가들이 있지만 우리가 주체적으로 풀어야 한다. 남북통일 문제는 우리가 풀어야 할 소명의 문제이다.

여덟, 타산지석의 원리 - 여러 나라의 교훈에서 통일의 교훈을 배워야 한다. 예멘, 베트남, 독일 등의 나라의 통일 사례 중에서 우리 한반도에 가장 좋은 방안들을 연구해서 적용해야 한다. 우리가 지향하는 통일은 자유 민주주의 통일의 길이다.

아홉, 기도의 원리 - 하나님이 일하시도록 기도해야 한다. 최근 예영커뮤니케이션에서 발간한 책,『그리고 우리는 거기에 있었다』를 읽고 큰 교훈을 얻었다. 주인공 퓌러목사를 비롯해 많은 사람들이 여러 해 동안 지속적으로 통일을 위해 기도하는 동안 하나님께서 때가 되매 베를린 장벽을 무너뜨린 사실을 보고, 기도의 중요성을 다시 깨닫게 되었다.

열, 믿음의 원리 - 사람이 하는 것 같지만, 한반도의 통일도 하나님이 해주셔야 한다. 인간이 최선을 다할 때 하나님은 분명히 통일의 문을 열어주시리라 믿는다. 통일 한국의 그날이 가까이 다가오고 있다.

하늘에 있는 것이나 땅에 있는 것이
다 그리스도 안에서 통일되게 하려 하심이라.

– 신약성경 에베소서1:10

한국인의 시대가
다가오는 것을 꿈꾼다

    내가 영국에서 있을 때 여름 휴가차 스위스 융플라우를 영국인 친구와 함께 여행한 적이 있다. 융플라우를 올라가기 위해서 안내데스크에서 안내 팜플렛Pamplet을 구하려고 하였다. 나는 한국어로 된 팜플렛을 달라고 하였다. 그런데 안내 직원의 말은 영어와 일본말로 된 팜플렛은 있었지만 한국말로 된 팜플렛은 없다고 했다. 이유를 물어보았더니 한국말 팜플렛은 찾는 사람이 없어서 영어와 일본말 안내서만 있다고 하였다. 사실 1989년 당시 한국은 미국이나 일본에 비해 경제적으로 많이 뒤진 그런 나라였다. 나는 그때 융플라우를 오르면서 기도를 하였다. "하나님, 우리 대한민국은 언제쯤 미국이나 일본처럼 잘사는 나라가 될 수 있습니까?" 그때 하늘에서 계시처럼 들려온 성경 말씀이 구약 신명기 28장 1절의 말씀이었다.

"네 하나님 여호와의 말씀을 삼가 듣고 순종하면, 세계 모든 민족 위에 뛰어나게 하실 것이라."는 음성을 듣고 그 후에 많은 책을 보고 한 권의 책을 쓰고자 준비를 하고 있다. 그래서 이 책과 별도로 <한국인의 시대가 온다>라고 하는 제목의 책 출간을 준비하고 있다. 여기서는 그 핵심만 말하고자 한다. "한국인의 시대가 온다"라는 말은 이미 현실이 되어가고 있다. 내가 1989년 스위스 융플라우에 갔을 때만 해도 한국은 미국과 일본에 비해 많이 뒤진 나라였다. SONY를 앞세운 일본의 전자제품은 갖고 싶은 선망의 대상이었고, 미국은 최강의 선진국, 그 다음은 일본이었다.

그런데 지금은 일본의 소니SONY보다 한국 삼성SAMSUNG의 스마트폰 카메라가 오히려 일본의 제품들을 앞서고 있다. 2014년에 싸이의 강남스타일은 전세계를 열광하게 하였다. 김연아는 세계 피겨스케이팅의 아이콘이 되었고 미국 LPGA 무대는 한국인 여자 골퍼들의 무대가 되었다. 인천공항은 10년 이상 세계최고의 허브공항으로서 위치를 굳히고 있다. 반도체, 원자력, 건설업, 조선업 등 분야에서 한국은 세계를 이끌어가고 있고 K-POP은 이미 세계의 대세가 되었다. 스포츠 분야에도 한국은 2002년 월드컵 4강을 시작으로 세계 속에 위치를 굳혀 가고 있다. 이제는 세계 어디를 가든 780만 한국인들과 선교사들은 세계 곳곳에 글로벌 코리안으로 살아가고 있고 한국음식 불고기와 비빔밥, 김치는 세계인들의 입맛을 사로잡은 한류 브랜드가 되었다. 한류를 주도하는 드라마는 이미 동남아시아와 세계 문화 콘텐츠를 이끌어 가고 있다.

 "한국인이 역사 무대에 중심이 되는 시대가 온다."는 말은 단순한 희망사항으로 말하는 것은 아니다. 인도의 시성 타고르는 "한국은 동방의 등불이라."고 하였고, 『25시』의 작가 게오르규는 "빛은 한국으로부터 온다."라고 했다. 하와이대학의 미래학자인 짐데이토는 말하기를 "한국이 앞으로 미래 세계의 중심이 될 것이다."라고 했다. 함석헌은 『뜻으로 본 한국역사』에서 "우리에게도 세계적 사명이 있다."고 했다. 함석헌이 그 말을 한 때는 암울했던 일제시대였다.

 한국인이 역사의 주인공이 되는 시대가 다가오고 있다. 19세기는 영국인들이 세계 역사의 주인공으로 세계를 이끌어 갔다. 20세기는 미국이 세계를 이끌어 가고 있다. 그리고 그 다음은 어느 나라일까? 중국, 일본, 독일 등 강대국들이 있지만 희망하기는 한국인이 세계 무대에 우뚝 서서 세계를 이끌어가는 시대가 왔으면 좋겠다. 한국인의 시대는 한국인이 통일한국을 이루고 대륙과 해양으로 뻗어가면서 세계 평화에 기여하는 시대이다.

 몇 년 후가 될지는 모르지만 한반도는 분명히 통일이 될 것이다. 북한에는 이미 장마당이 생겨서 자유 지하 경제 체제가 시작되고 있다. 남한에 탈북한 28,000명의 탈북자들과 북한 백성들과는 음으로 양으로 연결이 되고 있다. 이미 통일은 시작되었고 점점 더 가속화 될 것이다. 한강의 기적을 이룬 남한은 이제 그 힘으로 대동강의 기적을 이루어내야 한다. 그럴 날이 올 것이다. 5천년간 고난을 겪어온 한민족은 이제 하나로 통일되어 세계를 이끌어 가게 될 것이다. 한국인의 시대가 온다.

네가 네 하나님 여호와의 말씀을 삼가 듣고
내가 오늘 네게 명령하는
그의 모든 명령을 지켜 행하면
네 하나님 여호와께서 너를
세계 모든 민족 위에 뛰어나게 하실 것이라.

– 구약성경 신명기 28:1

*
꿈의 힘으로 일어나다

나는
인생 2막의
멋진 꿈을 꾼다

평범한 교사로 있다가 은퇴한 이디스 헤밀턴은 63세가 되던 1930년 어느 날 <고대 그리스인의 생각과 힘>이란 작품을 발표한다. 그때부터 그녀의 인생의 화려한 2막이 시작되었다. 그녀는 이렇게 고백하였다. "우리의 과거는 그저 서막에 불과할 뿐이다." 평범한 사람에게 환갑이라는 나이는 인생의 뒤안길에 서서 여생을 정리할 시기이다. 60세를 넘긴 나이에 자신이 살아온 과거는 그저 인생의 서막에 불과할 뿐이라고 외칠 수 있었던 용기는 정말 대단하다. 정년 퇴임으로 교장직에서 물러난 직후부터 쓰기 시작했던 한 권의 책이 그녀의 인생을 바꿔 놓을 줄은 아마 그녀 자신도 몰랐을 것이다.

요즘은 정말 100세 시대이다. 벌써 외국에서는 나이에 구애 받지 않고 자기 자신을 개발해 가는 사람들이 많다. 나이에 구애 받지 않고 그 꿈을 실현해 나가는 사람들이 있다. 미국의 국민화가 모세스 할머니Grand Moses는 놀랍게도 76세부터 그림을 시작해서 101세 되던 해 세상과 이별하기 전까지 붓을 놓지 않았다. 모세스, 그녀는 시골 농장을 꾸려가는 평범한 시골 주부였다. 10명의 자녀 중 5명을 잃고 자수에 푹 빠져 있었다. 그러나 72세 때 관절염 때문에 바늘을 들지 못하자 대신 붓을 들었다. 우연히 루이스 칼더가 조그만 구멍가게에 있는 그녀의 그림을 사 갔고 그림이 뉴욕의 전시관에 전시되면서 그녀는 일약 스타가 되었고 유럽 일본 등 세계 각국에서 모세스의 그림 전시회가 열렸다.

1949년 트루먼 대통령은 그녀에게 '여성 프레스클럽상'을 선사했고 1960년 뉴욕 주지사는 그녀의 100번째 생일에 '모세스 할머니 날'을 선포했다. 국민 화가가 된 모세스 그녀의 그림을 보면 그녀의 밝은 심성을 읽을 수가 있다. 나이는 꿈을 막을 수 없다. 모세스 할머니처럼 오늘 나의 인생 2막의 멋진 꿈을 꾸어보는 것은 어떨까?

심지어는 99세에 첫 시집을 낸 일본의 시바타도요 할머니 시인이 있다. 시바타 도요 할머니는 아들의 권유로 틈틈이 써 놓았던 시를 모아 시집을 내게 되었다. 자신의 장례식 비용을 시집을 출간하는 일에 사용한 것이다. 2010년 3월, 99세 도요 할머니는 생애 첫 시집 『약해지지 마』를 냈다. 이 시집은 지금까지 150만 부가 넘게 팔렸다고 한다. 도요 할머니의 시는 위로를 담고 있어서 위로가 필요한 사람들에게 큰 사랑을 받고 있다고 한다.

약해지지마

있잖아...
불행하다고 한숨짓지 마
햇살과 산들바람은 한 쪽 편만 들지 않아
꿈은 평등하게 꿀 수 있는 거야
나도 괴로운 일 많았지만 살아 있어 좋았어
너도 약해지지 마

세계 역사상 최대 업적의 35%는 60~70대에 성취되었다고 한다. 23%는 70~80세 노인에 의하여, 그리고 6%는 80대에 의하여 성취되었다고 한다. 결국 역사적 업적의 64%가 60세 이상의 사람들에 의하여 성취되었다는 것이다. 소포클레스가 '클로노스의 에디푸스'를 쓴 것은 80세 때였고, 괴테가 '파우스트'를 완성한 것은 80이 넘어서였다. 다니엘 드 포우는 59세에 '로빈슨 크루소'를 썼고, 칸트는 57세에 '순수이성비판'을 발표하였고, 미켈란젤로는 로마의 성 베드로 대성전의 돔을 70세에 완성했다. 베르디, 하이든, 헨델 등도 고희의 나이를 넘어 불후의 명곡을 작곡하였다. 지금 나는 혹여 나이를 핑계로 생의 새로운 도전을 주저하지는 않는가? 100세 시대이니까 우리나라도 이제부터 은퇴 이후의 인생 2막을 준비해야 한다. 65세, 혹은 70세에 은퇴

한다 하더라도 30년 정도는 살아가야 하기 때문이다. 그러면 멋진 인생 2막을 위한 준비는 무엇일까? 그것은 역시 자신이 잘하는 일을 찾아 그 일을 발전시켜 가면서 남은 생애를 살아가는 것이 최고의 인생 2막의 생애가 아닐까 싶다.

경영학의 아버지라 불린 피터 드러커는 이런 말을 하였다. 내 인생의 전성기는 60세부터 95세까지였다. 실제로 피터 드러커는 매년 새로운 주제를 정해서 연구하면서 새로운 책을 출간했다고 한다. 그래서 60세부터 95세까지 인생의 후반전을 멋진 2막의 인생으로 만들었다. 피터 드러커의 명작들은 인생의 후반전인 60세 이후에 지어진 책들이었다. 지금 나이 55세에서 60세이면 벌써 은퇴해서 무엇을 해야 할지 몰라서 인생을 무료하게 지내야하는 사람들은 깊이 새겨 봐야 할 이야기이다.

나 역시 인생 2막의 멋진 인생을 꿈꾼다. 70세까지가 공식 은퇴시기이니까 앞으로 날들이 많이 남아 있는 것처럼 보이지만, 나는 2011년 첫 책을 내면서부터 남은 생애의 후반전은 작가로도 살아가야겠다고 다짐을 하였다. 책을 쓰는 것은 인생 최고의 자기 브랜딩이기 때문이다. 그리고 책을 써서 사회에 내놓는 것은 사회에 콘텐츠를 제공하여 기여하는 일이기도 하기에 일석이조로 좋은 일이라고 생각한다.

셰익스피어는 지혜로운 인생 2막을 위해 이렇게 조언한다. 첫째,

학생으로 계속 남아 있어라. 배움을 포기하는 순간 우리는 폭삭 늙기 시작한다. 둘째, 과거를 자랑 마라. 옛날 이야기밖에 가진 것이 없을 때 당신은 처량해진다. 삶을 사는 지혜는 지금 가지고 있는 것을 즐기는 것이다. 셋째, 젊은 사람과 경쟁하지 마라. 대신 그들의 성장을 인정하고 그들에게 용기를 주고 그들과 함께 즐겨라. 넷째, 부탁 받지 않은 충고는 굳이 하려고 마라. 늙은이의 기우와 잔소리로 오해받는다. 다섯째, 삶을 철학으로 대체하지 마라. 로미오의 말을 기억하라. "철학이 줄리엣을 만들 수 없다면 그런 철학은 꺼져버려라." 여섯째, 아름다움을 발견하고 즐겨라. 약간의 심미적 추구를 게을리하지 마라. 그림과 음악을 사랑하고 책을 즐기고 자연의 아름다움을 만끽하는 것이 좋다. 일곱째, 늙어 가는 것을 불평하지 마라. 가엾어 보인다. 몇 번 들어주다 당신을 피하기 시작할 것이다. 여덟째, 젊은 사람들에게 세상을 다 넘겨주지 마라. 그들에게 다 주는 순간 천덕꾸러기가 될 것이다. 두 딸에게 배신당한 리어왕처럼 춥고 배고픈 노년을 보내며 두 딸에게 죽게 될 것이다. 아홉째, 죽음에 대해 자주 말하지 마라. 죽음보다 확실한 것은 없다. 확실히 오는 것을 일부러 맞으러 갈 필요는 없다. 그때까지는 삶을 탐닉하라. 우리는 살기 위해 여기에 왔노라.

내 인생의 2막은 어떻게 보낼까? 한번 깊이 생각해보고 나만이 잘하는 것을 찾아서 조금씩 실천해 보는 것은 어떨까? 내가 가장 좋아하는 일을 위해서 내 시간과 삶을 드리면서 사는 것이 인생 2막을 여는 최고의 비결이 아닐까 싶다. 우리의 지난 과거는 서막에 불과하다.

우리의 인생은 소중하다. 100세 시대에 우리의 삶은 은퇴 후에도 계속 되어야 한다. 우리의 인생은 후반전이 더 빛나는 인생이 되어야 하기 때문이다. 이디스 헤밀턴처럼, 시바타 도요처럼, 모세스 할머니처럼, 피터 드러커처럼, 우리도 내 재능을 발견하고 개발하여 멋진 인생의 2막을 펼쳐가 보자. 결심하고 시작하는 여러분에게 멋진 인생 2막이 다가오고 있다.

모두에게 전성기가 있지만
어떤 이들의 전성기는
다른 이들보다 더 길다.

– 위스턴 처칠

살아 있는 동안
꼭 해야 할 꿈 목록을
적어 봅니다

『살아 있는 동안 꼭 해야 할 49가지』 저자 탄쥐잉은 "먼 훗날, 후회하지 않을 삶을 위하여, 그리고 사랑하는 사람들과 함께하는 행복을 위하여, 지금 당장 지켜야 할 소중한 약속을 위하여"꿈 목록을 적어보라고 말한다. 사랑에 송두리째 걸어보기, 소중한 친구 만들기, 은사님 찾아 뵙기, 부모님 발 닦아 드리기, 인생의 스승 찾기, 혼자 떠나 보기, 일기와 자서전 쓰기, 날마다 15분씩 책읽기, 사랑하는 사람을 위해 요리하기, 악기 하나 배워보기, 고난과 반갑게 악수하기, 자신에게 상주기, 꿈을 설계하고 성취하기 등이다.

73개의 꿈을 쓰고 세계에 도전한 꿈쟁이 김수영 작가처럼 『살아 있는 동안 꼭 해야 할 49가지』 저자 탄쥐잉처럼 내 인생의 꿈 목록을 한번 적어보자. 막연히 생각하는 것보다 종이에 쓰면 훨씬 더 빨리 이루어진다. 그래서 버킷리스트를 적은 사람들의 꿈이 빨리 이루어진다. 책을 출간한 사람들의 간절한 소원은 더 빨리 이루어진다. 그만큼 적는다는 것은 확신을 준다. 그리고 그 꿈의 목록을 날마다 바라보면서 이루어 나간다면 더 구체적으로 우리가 꾸는 꿈들이 이루어질 것이다.

- 살아 있는 동안 꼭 해야 할 꿈 목록을 적어 봅니다
- 사랑하는 사람과 함께 스코틀랜드 컴브리아 여행하기
- 출간한 책으로 대형서점에서 사인회하기
- 내 책을 차에 가득 싣고 전국을 다니며 특강하기
- 내 책을 가지고 전 세계를 다니며 강의하기
- 내가 살던 영국 래스터의 페이톤스트리트 다시 가 보기
- 내가 살던 헝가리 민박집 에타 가정 다시 찾아 만나기
- 영국인 친구 마이크와 영국과 유럽 여행하기
- 살아가면서 100권 이상의 책쓰기
- 복음 방송에서 북녘 땅을 향해 복음 설교하기
- 아버지 어머니께 집 다시 사드리기
- 전국 도서관에서 책과 관련한 특강과 사인회하기
- 글쓰기 강좌를 통해 좋은 작가 양성하기
- 내 책으로 KBS <TV 책을 말하다>에 출연하기
- 내 책으로 CTS, CBS에서 특강하기

- 내가 예수를 구주로 만난 조치원 군인교회 다시 찾아가기
- 미래의 꿈나무들이 자라는 학교에 가서 내 책으로 희망 이야기하기
- 통일된 대한민국의 평양에서 교회 세우기
- 유라시아 기차를 타고 독일 베를린까지 가 보기
- 학창시절 동창들에게 내 책 선물하기
- 국회에서 국회의원들에게 특강하기

글을 쓰면서 적어보니 대략 20개 정도를 적었다. 여러분도 한번 적어 보기 바란다. 적어서 잘 보이는 곳에 붙여놓고 하나씩 실행해 나가는 것도 좋을 것 같다. 간절히 꿈꾸는 것은 반드시 이루어진다. 나는 몇 년을 광야 수업을 받으면서 더 꿈의 목록이 많아졌다. 이제부터는 그 꿈 목록의 실천을 위해서 살 것이다. 살아 있는 날 동안 내 인생의 여백에는 꿈들로 가득가득 채워갈 것이다. 살아 있는 동안 꼭 해야 할 꿈 목록들이 벌써 나를 설레게 한다.

멈추지마. 꿈부터 써봐,
73개의 꿈을 쓰고 세계에 도전하다.

– 김수영

꿈의 힘으로
일어나다

미국의 최고 명문으로 수많은 인재를 배출한 하버드대학의 시작이
된 존하버드 목사의 헌신 이야기는 늘 꿈을 가지고 살아가야 할 사람
들에게는 가슴에 새겨야 할 이야기다. 존이라는 젊은 청교도목사가
1637년 신대륙에 대한 꿈을 안고 미국 땅을 찾아왔다. 새로운 땅에서
새로운 꿈을 펼치면서 살아보자는 아메리칸 드림을 가지고 온 것이다.
그런데 불과 일 년도 못된 1638년, 그는 폐결핵 진단을 받았다. 그 당
시 결핵은 심각한 병이었기 때문에 그는 자신이 죽어간다는 사실을
깨달았다. 임종 직전에 자신의 재산을 헤아려보니 별것 없었고 다만
책을 좋아해서 약 300권 정도의 장서를 가지고 있었다.

그 책들을 어떻게 할까 기도하다가 그가 살던 도시에 새로 설립된

뉴타운 칼리지에 그가 가지고 있던 유일한 재산이던 책 300권을 기증하기로 결심했다. 그렇게 기증하면서 한 장의 기증서를 첨부했다. 그것은 일종의 유언이라고도 할 수 있고 신앙 고백서라고 할 수도 있는 것이었는데 내용은 이러했다.

"나는 이 땅에 꿈을 가지고 찾아 왔습니다. 좀 더 신학을 공부하고 싶었고 법률과 과학도 공부하고 싶었습니다. 훌륭한 신학자, 훌륭한 과학자가 되는 것이 나의 꿈이었습니다. 그러나 주께서 나를 부르시는 것 같습니다. 내가 이 땅에서 이루지 못한 꿈을 후학들을 통해서 이루기를 기대합니다. 내가 이 대학에 제공하는 책들을 통해 훌륭한 신학자, 법학자, 과학자가 길러져서 이 땅을 풍성하게 하고 인류에 이바지하는 위대한 인물들이 나타나게 될 것을 기대합니다.

이 헌정서를 받은 학교 이사들은 깊은 감동을 받았다. 그래서 그 젊은 목사 존을 기념하기 위하여 그의 성을 따서 학교 이름을 바꾸기로 결정했다. 그의 풀 네임은 존 하버드였다. 그래서 이 학교는 뉴타운 칼리지에서 하버드로 불리게 되었다. 그의 꿈이 이 대학을 통해서 열매 맺게 된 것이다. 이 젊은이의 꿈, 젊은이의 기도 속에서 위대한 미국, 위대한 하버드의 꿈이 자라게 되었던 것이다.

나는 내가 가진 모든 책을 투자해서 통일코리아의 인재를 양성하는 사무엘 라이브러리를 꿈꾼다. 한번 건물을 짓고 내 야망의 실패를 경험했으니, 이제 다시 꾸는 꿈은 통일코리아와 미션코리아의 일꾼을 양성하는 일에 한 알의 밀알이 되고자 한다. 꿈은 실패를 먹고 더 크게 자란다. 꿈꾸는 사람은 멈추지 않는다. 나는 계속해서 꿈꾸는 사람으로 살고 싶다. 책과 관련하여 많은 꿈들을 하나하나 실천해 가고 싶다. 인생 2막의 멋진 후반전을 날마다 열어가고자 한다. 내 지난날도 단지 서막에 불과하였다. 이제 멋진 후반전이 다가오고 있다. 절망적인 상황에서도 포기하지 않고 꿈으로 일어난 나는 이제 절망에서 얻은 꿈을 재산 삼아 다시 꿈으로 일어나는 삶을 시작하고자 한다.

꿈의 힘으로 일어나다. 확실히 꿈은 절망이라는 바닥을 거친 후에 더 견고해진다. 내가 파산을 경험하고 다시는 못 일어나는 줄 알았다. 그런데 지금 그 절망을 재산으로 삼아 나는 꿈을 꾸고 있다. 미래는 꿈꾸는 자의 몫이다. 내가 절망하여 모든 것을 포기하였다면 오늘 이러한 시간은 없었을 것이다. 그래서 또 깨닫는다. 꿈꾸는 자에게는 어떠한 환경과 여건에서도 포기하지 말아야 함을 배웠다. 날마다 절망이었던 내가 이제는 날마다 희망을 가지고 미래를 기다린다. 꿈꾸는 자에게는 동트기 전이 가장 추운 것처럼, 꿈을 이루기 전이 가장 힘들다. 그러나 마지막 한걸음 더 가면 바로 정상이 눈앞에 펼쳐진다. 사람은 보이지 않지만 꿈의 힘으로 일어난다.

꿈은 불만에서 생겨난다.
만족하는 사람은 꿈을 꾸지 않는다.
사람은 어느 곳에서 꿈을 꾸는가?
배고프고 추운 곳이나 병원,
또는 감옥에서 사람은 꿈을 꾼다.

– 앙리 드 몽테를랑

66

광야에서 세미한 음성을 듣다
광야에서 성경을 살아계신 말씀으로 다시 듣다
건축은, 나를 건축하는 것이다
로마서가 나를 다시 살렸다
시편의 말씀이 내 영혼을 치유하였다
나는 이렇게 믿음의 사람이 되었다
예수 그리스도는 최고의 친구이다
복음으로 다시 태어나다
눈물의 기도가 진주를 만든다
믿음의 힘으로 일어나다

99

제 5 장

믿음의
힘으로
일어나다

광야에서
세미한 음성을 듣다

광야는 하나님의 세미한 음성이 잘 들리는 곳이다. 평안히 길을 갈 때는 보이지 않아도, 하나님의 음성과 손길은 광야의 길을 걸어갈 때 잘 보이고 들린다. 이스라엘 백성들은 광야 40년간 많은 고난도 겪었지만 많은 은혜도 체험한 특별한 기간이었다. 성경 출애굽기를 보면 이스라엘 백성들은 광야 생활 동안 만나와 메추라기를 체험했고 하나님은 자기 백성들을 구름기둥 불기둥으로 세밀하게 인도하셨다.

2008년 어느 날 나는 방에서 일어나지 못하고 누워 있었다. 건물을 짓고 빚이 너무 무겁고 매달 내는 이자가 버거워 누워 있었다. 그날도 힘에 겨워 누워 있는데, 내 귓가에 누가 말을 하듯이 음성이 들렸다. "네 팔을 늘어뜨리지 말아라." 나는 누워 있다가 일어났다. 이것이 무슨 소리지. 분명히 내 귓가에 들린 음성이었다. "네 팔을 늘어뜨리지 말라." 나는 힘들지만 간신히 일어나서 성경을 펼쳐 보았다. 성경 어디에 그 구절이 나오는 것 같다는 생각이 들어서 성경 여기저기를 찾아보았다. 아, 그 구절이 구약성경 스바냐 3장 16절에 있는 것이 아닌가? "그날에 사람이 예루살렘에 이르기를 두려워하지 말라. 시온아 네 손을 늘어뜨리지 말라. 너의 하나님 여호와가 너의 가운데 계시니 그는 구원을 베푸실 전능자시라 그가 너로 말미암아 기쁨을 이기지 못하시며 너를 잠잠히 사랑하시며 너로 말미암아 즐거이 부르며 기뻐하시리라 하리라."스바냐3:16-17

"네 팔을 늘어 뜨리지말라."는 스바냐 3장 16절의 음성을 들었을 때, 나는 정말 팔을 늘어뜨리고 있었다. 더 이상은 내 인생에 희망이 보이지 않았기 때문이었다. 빚은 많고 매월 이자는 수백만 원씩 내야 하고 수입은 없고 정말 모든 것이 끝이었다. 희망이라고는 1%도 없는 것처럼 보였다. 그때 절망 상태에서 누워 있던 나에게 하나님은 "네 팔을 늘어 뜨리지말라."고 격려와 용기의 음성을 들려 주셨다. 아마 내 형편과 사정을 다 알고 계셨으리라 믿어진다.

그 후에 또 기도하다가 들은 음성은 "하나님께 나아가는 자는 반드시 저가 계신 것과"라는 음성이었다. 빚을 지고 재정이 늘 부족했던 나는 재정을 채워 달라는 기도를 하였다. 그런데 하나님은 달라는 재정은 주지 않으시고 "하나님의 살아계심을 확신하라."는 말씀을 들려

믿음의 힘으로 일어나다

주셨다. 너무나 유명한 히브리서11:6절의 말씀이었다. 그 히11:6절의 음성을 듣고 재정은 주시지 않았지만, 나는 내가 믿는 하나님이 살아 계신 하나님이심을 다시 한 번 확신하게 되었다. 그리고 그날 이후부터 서서히 빚의 고통에서부터 해방되어 가기 시작하면서 내 믿음도 자라기 시작하였다.

히11:6의 말씀을 듣고 얼마 지난 후에 나는 밤을 새워가며 내 인생의 절박한 문제를 가지고 기도하였다. 밤을 세워 기도하고 새벽 6시쯤 방에 올라와서 누웠는데 꿈을 꾸었다. 선명한 글씨가 보였다. "내가 세상을 이겼노라." 성경 요한복음 16:33의 말씀이었다. 아, 예수님이 이미 다 이기셨구나. 깨달음과 함께 평안이 왔다. 현재 나는 여전히 빚진 상태이지만 이미 예수 그리스도는 승리하셨구나. "내가 세상을 이겼노라."는 그 글씨를 보고 많은 것을 느꼈다.

그리고 건물이 경매되는 날 새벽에 시23:3절 말씀을 보여주셨다. "내 영혼을 소생 시키시고 자기 이름을 위하여 의의 길로 인도하시는도다." 아버지의 장례식에 시23:3 말씀이 현수막으로 걸려 있었다. 육신의 아버지의 재산인 선산을 팔아 지은 것에 대한 결산의 꿈이었다. 내 이름이 아니라 주님의 이름을 위하여 의의 길로 걸어가는 삶을 살아야 함을 깨달았다.

그리고 2014년 가을이었던 것 같다. 나는 혼자 지내면서 힘든 나머지지 하나님과 담판을 지으려고 청평에 있는 기도원을 찾았다. 뭔가 하나님의 분명한 음성이 없으면 한걸음 더 앞을 향해 나갈 수 없을 것 같은 상황이었다. 첫째 날 기도원에 갔는데 기도가 나오질 않았다. 둘째 날 아무 생각이나 기대 없이 대성전에 예배를 드리러 들어가서 앉았다. 그때 귓가에 음성이 들려왔다. 옆에서 누가 말을 해주는 것처럼 또렷하게 들려왔다. "내가 너를 고아와 같이 혼자 두지 않을 것이다." 참 신기한 일이었다.

하나님은 내 형편을 어쩌면 이렇게도 잘 아실까? 그때그때마다 내게 꼭 맞는 음성을 들려주셨다. 그 음성을 들은 이후에도 많은 일들이 있었다. 참 신통하게도 나를 혼자두지 않으시고 꼭 필요한 재정을 채워주시고 필요한 사람을 만나게 하셨다. 이래서 하나님이시구나. 이 글을 읽는 독자 중에는 타종교나 무신론자도 있을 것이다. 그런데 신의 존재를 논하기 전에 나는 그러한 하나님의 음성을 들었노라고 말하지 않을 수 없다. 내가 들은 그 음성들은 확실한 음성들이었으므로. 나는 또 내 형편 사정을 너무나 잘 아시는 주님의 세미한 음성을 기다린다. 광야는 세미한 음성이 들리는 곳이다. 나는 오늘도 광야에서 세미한 음성을 듣는다.

내 양은 내 음성을 들으며 나는 그들을 알며
그들은 나를 따르느니라.

– 요한복음10:27

광야에서
성경을 살아계신
말씀으로 다시 듣다

성경을 가장 잘 해석하는 주석은 고난이라고 하는 말이 있다. 맞는 말이다. 인간은 고난을 겪을 때 영혼이 맑아지고, 이스라엘의 고난 중에 기록된 성경도 고난 중에 읽고 들을 때 비로소 하나님의 말씀으로 들을 수 있다. 교회 건축을 하고 빚 때문에 너무 힘들어서 처음 몇 년간은 누워서 지낸 적이 많았다. 저녁에 잠을 자고 아침에 일어나려고 하면 도저히 힘들어서 일어날 수 없는 경우가 많았다. 그때 누워서 스마트폰에 입력해 놓은 오디오 성경 프로그램으로 성경을 들었다.

그런데 참으로 놀라운 일들이 생겼다. 편안할 때는 잘 들리지 않던 성경 말씀이 구구절절 하나님의 말씀으로 가슴에 와 닿는 것이었다. 간절한 마음으로 샤워를 할 때에도 스마트폰으로 성경을 듣곤 하였

는데, 어느 날 이사야서의 말씀 중 40장부터 듣다가 가슴이 터질 것
같은 감격을 경험하였다. 샤워기에서 떨어지는 물이 내 몸에 부딪쳐
오는 것처럼 스마트폰에서 들려오는 이사야서의 성경 말씀이 샤워기
의 물줄기처럼 떨어지며 내 심령을 울렸다.

"야곱아 너를 창조하신 여호와께서 지금 말씀하시느니라. 이스라
엘아 너를 지으신 이가 말씀하시느니라. 너는 두려워하지 말라. 내가
너를 구속하였고 내가 너를 지명하여 불렀나니 너는 내 것이라."사43:1

이사야 40장부터 66장까지 말씀이 거의 다 마음에 물방울처럼 떨
어져 왔지만, 그중에 이사야 40장 1절 말씀을 다시 보면 마음이 새로
워져 온다. "야곱아 너를 창조하신 영호와께서 지금 말씀하시느니라."
를 들을 때 바로 지금 하나님께서 내 심령에 말씀하시는 것으로 말씀
이 다가왔다. "이스라엘아 너를 지으신 이가 말씀하시느니라."를 들을
때 아! 여호와 하나님이 나를 만드신 분이 지금 내게 말씀하시는구나
하면서 그 말씀을 들었다. "너는 두려워하지 말라. 내가 너를 구속하
였고 내가 너를 지명하여 불렀나니 너는 내 것이라."하는 부분을 들을
때는 재정 빚으로 잔뜩 두려워하고 있는 나를 부르신 분이 여호와 하
나님이심을 일깨워 주시면서 나는 하나님의 것임을 확신하게 되었다.

이사야서 뿐만 아니라 지난 몇 년간 아침에 눈을 뜨면 우선 1시간
정도 스마트폰으로 성경을 들으면서 하루를 시작하였다. 내가 고난

중에 있을 때는 자비하신 하나님께서 돌아온 탕자를 긍휼히 여기시는 아버지의 마음처럼, 가까이서 손 내밀어 기다리시는 하나님임을 느낄 수 있었다. 나는 인생 광야 지나면서 성경을 하나님의 말씀으로 다시 들었다. 그리고 날마다 들려주시는 성경 말씀으로 인생 광야길을 말씀을 먹으면서 힘을 얻고 지날 수 있었다.

책은 내가 광야길을 걸을 때 내 마음의 양식이었고, 성경 말씀은 내 영혼의 양식이었다. 사람들은 내게 그렇게 묻는다. 어떻게 지내냐고? 내 대답은 이것이다. 나는 마음의 근육을 튼튼히 하기 위해서 책을 보고, 영혼을 살찌우기 위해서는 성경 말씀을 날마다 먹노라고 말한다. 사람은 밥만 먹고 사는 존재는 아니다. 영혼의 양식인 말씀을 먹고 사는 존재이다. 나는 인생 광야에서 성경을 살아계신 말씀으로 다시 들었다.

믿음의 힘으로 일어나다

너를 낮추시며 너를 주리게 하시며
또 너도 알지 못하며 네 조상들도 알지 못하던
만나를 먹이신 것은
사람이   으로만
여호와의 입에서 니오는 모든 말씀으로
사는 줄을 네가 알게 하려 하심이라.

– 신명기 8:3

건축은,
나를 건축하는 것이다

어느 건축소장이 이런 말을 합니다. "마지막 인테리어는 그 집에 사는 사람입니다." 귀한 깨달음을 주는 말이다. 나는 건축을 하면서 많은 시행 착오를 겪었다. 건축을 건물을 잘 짓는 것으로 생각했다. 그래서 건물 짓는 데 온갖 정성을 다했다. 내가 영국과 스위스에 다니면서 멋진 건물들을 사진을 찍고 어떻게 해서든지 멋있는 건물을 짓고 싶었다. 설계도 최고로 하고, 전 재산을 다 들여 건물을 지었다. 짓다보니 예산이 초과되어 빚을 지게 되었다.

건물은 멋지게 지었지만 빚을 지고 나니 한달에 은행 이자로 나가는 돈이 힘들었다. 그래서 그 재정 문제로 힘겨운 세월을 여러 해를 보냈다. 결국 나는 그렇게 선산까지 팔아서 지은 건물이 경매되는 아품을 겪었다. 그러나 몇 년의 아픈 과정을 통해서 배운 값비싼 교훈이 있다. 그것은 "건축은, 나를 건축하는 것이다."라는 사실이다. 내가 멋있는 건물을 짓는 것을 건축이라고 생각했지만, 하나님은 그 아픈 세월 동안 나를 새로운 사람으로 건축하셨다. 10억 정도의 수업료를 지불하고 나는 내가 바로 "성전"임을 배웠다. 건축은 건물을 짓는 것 이전에 먼저 나를 건축하는 것임을 배웠다.

나는 외형의 건물을 멋있게 짓는 일에 관심이 많았지만, 하나님은 지난 7년 동안 내 내면의 믿음을 건축하셨다. 나는 새로운 성전이 되었다. 살아계신 하나님에 대한 실제적인 믿음과 기도, 무엇보다 하늘 아버지와의 신실한 관계를 유지하는 확실한 자녀로 건축되었다. 나는 이제 나를 건축해 가는 일에 집중한다. 내가 건축되면 외형의 건물은 또 주어지는 것이기 때문에 한번 건축을 해서 경매로 잃은 건물에 대해서는 일말의 미련도 없다. 값비싼 대가를 치르고 교훈을 받게 되어 오히려 감사하다. 건축은, 나를 건축하는 것이다.

사랑하는 자들아
너희는 너희의 지극히 거룩한 믿음 위에
자신을 세우며 성령으로 기도하며.

– 유다서1:20

로마서가
나를 다시 살렸다

신약성경 중에서 로마서만큼 교리적으로 정교한 서신은 없을 것이다. 바울의 서신 중에서 단연 최고이다. 로마서에 대한 교리를 논하기 이전에 "로마서가 나를 어떻게 살렸는지"를 말하고자 한다. 로마서에 대한 주석이나 해석서는 서점에 가면 산더미처럼 쌓여 있고, 유명한 신학자들의 주석도 많기 때문이다. 나는 로마서 때문에 다시 살아났고, 복음을 깨달았고, 내 정체성을 알았고, 믿음을 회복했기에 다시한번 고백하기는 로마서만큼 중요한 책은 없다.

2010년 가을 나는 내 인생에 가장 힘든 시간들을 날마다 보내고 있었다. 그리고 보니 지난 7년은 날마다, 매년 힘들었던 것 같다. 날마다 절망이었다. 나는 빚을 지고 이자를 못 내서 이자가 연체되고 건물이 경매가 되어야 하는 일촉즉발의 위기 상황의 날들을 지나고 있었다. 정말 하루하루를 버티고 사는 것이 힘들었다. 그렇다고 뒤로 물러설 수도 없었다. 그냥 빚이라는 수렁에 빠져서 내 인간적인 힘으로는 아무것도 할 수 있는 것이 없었다. 빚만 더 커져갔고, 급기야는 연체가 되었고, 건물이 경매 되어야 하는 지경까지 가게 된 것이다.

나는 모든 것을 다 포기하고 저녁 무렵 거실의 소파에 앉아 있었다. 너무나 힘들었고 너무나 외로워서 그냥 앉아 있는데 내 두 눈에서는 눈물이 흘러내렸다. 빚 때문에 내 주변의 사람들은 다 나를 떠났고 나는 혼자였다. 이것이 인간이 겪을 수 있는 마지막이구나. 나는 너무나 외로운 나머지 어머니께 전화를 드렸다. 나이 50이 된 아들이 "엄마 나 너무 외로워"하고 말하고는 그냥 엉엉 울었다. 어머니는 내게 방에 들어가 일찍 자라고 하셨다. 그러나 나는 잠을 잘 수도 없었다. 방에 들어가 무심결에 성경을 앞에 펴놓고 "이거나 읽고 자야겠다"라고 생각하고 로마서를 읽기 시작하였다.

그런데 정말 충격적인 일을 경험했다. 로마서 4장을 읽어 가다가 4장 24절을 읽을 때였다. 끝부분 "믿는 자니라."라고 하는 다섯 글자가 내 심장에 화살처럼 날아와 박히는 것이었다. "믿는 자니라."라는 글자가 믿음의 화살이 되어서 내 심장에 박혔다. 그때까지 나는 믿음이 좋고, 빚 때문에 환경이 안 좋은 걸로만 생각을 하였다. 그러나 아니었다. 나는 이미 박사학위를 받은 선교학 박사이고, 수많은 설교를 하였고, 학교에서 강의도 하는 교수라 믿음이 정말 좋은 줄 알았다. 그러나 아니었다. 내가 인간의 한계 상황을 겪어보니 내가 그동안 믿고 있던 믿음이 별것이 아니었다. 나는 믿지 못했고, 나는 말마다 빚 때문에 걱정을 하였고 죽을 것만 같았다.

그런데 그날 로마서 4장 24절 말씀이 나를 구했다. "믿는 자니라."는 다섯 글자가 나를 살렸다. 죽은 자를 살리시며, 없는 것을 있는 것같이 일하시는 아브라함의 믿음이 나에게는 없었던 것이다. 그날의 롬4:24절의 체험 이후에 나는 하나님을 믿는 자가 되었다. 그리고 그때부터 서서히 내 믿음이 자라면서 모든 빚의 문제들도 해결되고 나는 한단계 큰 믿음의 사람으로 성숙되어 가기 시작하였다. 로마서가 나를 살렸다.

의로 여기심을 받을 우리도 위함이니
곧 예수 우리 주를 죽은 자 가운데서
살리신 이를 믿는 자니라.

– 로마서 4:24

*
믿음의 힘으로 일어나다

시편의 말씀이
내 영혼을 치유하였다

나는 어렵고 힘든 시기를 지나면서 성경을 많이 들었다. 스마트폰을 통해서 아침에 일어나면 먼저 성경을 들었다. 그중에 제일 많이 들은 성경 말씀이 시편 말씀이었다. 시편의 말씀은 칼빈의 말씀대로 "영혼의 해부학"이다. 시편의 말씀들을 통해서 나는 많은 위로와 치유를 체험하였다. 그중에 특히 시편 57편은 내가 제일 좋아하는 구절 중의 하나이다. 다윗이 광야 생활을 하면서 아둘람 굴에 가서 있을 때 하나님 앞에 올려드린 찬송과 기도의 시가 내게는 얼마나 위로가 되었는지 모른다. 시57편뿐만 아니라 시편의 모든 말씀들이 내 영혼을 어루만져주고 치유하는 힐링메시지였다.

한국 신학대학 총장을 지낸 김정준 박사도 시편을 통한 치유의 체험이 있다. 젊은 날 결핵을 앓고 마산결핵요양원에 입원하였다. 결핵

이 악화되어 숨이 끊어져 시체실에 옮겨지기까지 했다고 한다. 그런데 시체실에서 숨을 쉬고 있는 모습을 누군가가 발견하곤 다시 병실로 옮겨진 적까지 있다. 그는 그런 최악의 처지에서 시편을 깊이깊이 묵상하다 은혜를 체험하였다. 시편 속에서 살아계신 하나님을 만나게 되고 그 하나님의 도우심을 힘 입어 건강을 회복하였다. 결핵에서 완전히 회복된 후에 신학을 공부하게 되면서 시편을 전공으로 삼았다. 그리하여 한국교회에서 시편의 권위자가 되고, 한국신학대학의 총장까지 역임하였다.

칼빈은 시편을 일컬어 "영혼의 해부학"이라 하였다. 인간 영혼 속에 깃들어 있는 온갖 한과 아픔과 감사와 기쁨이 시편 속에 골고루 담겨져 있기 때문이다. 시편은 150편으로 이루어져 있다. 그중에서 가장 대표적인 작품이 고난 중에서 읊은 시들이다. 이들을 고난시苦難詩라 일컫는다. 시편의 고난시들 중에서 가장 대표적인 것은 예수님께서 십자가 위에서 읊으신 "엘리 엘리 라마 사박다니, 나의 하나님 나의 하나님 어찌하여 나를 버리시나이까?"란 구절이 들어 있는 시편 22편의 경우이다.

그러나 시편에 등장하는 고난시들은 고난 중에서 부르짖는 탄식으로 시작되지만 그 탄식의 끝은 감사와 찬양으로 끝이 난다. 시편 22편의 경우에도 그러하다. 1절에선 다음 같이 시작한다. "내 하나님이여. 내 하나님이여. 어찌 나를 버리셨나이까? 어찌 나를 멀리하여 돕지 아니하시며 내 신음 소리를 듣지 아니하시나이까?" 그러나 25절과 26절은 다음 같이 마무리된다. "큰 회중 가운데에서 나의 찬송은 주께로부터

온 것이니 주를 경외하는 자 앞에서 나의 서원을 갚으리이다. 겸손한 자는 먹고 배부를 것이며 여호와를 찾는 자는 그를 찬송할 것이라. 너희 마음은 영원히 살지어다."

우리 한민족과 이스라엘 민족은 역사적 체험이 비슷하다. 두 민족이 모두 주변 강대국들 틈바구니에서 고난의 역사를 살아왔다. 그러나 그 고난의 삶 속에서 나타난 결과가 완연히 다르다. 우리 민족은 고난의 삶이 영혼 깊이 스며들어 한恨을 쌓았다. 그래서 세계 어느 민족에서도 없는 우리만의 단어인 "한"이란 단어를 만들었다. "한 많은 청춘", "한풀이", "사무치는 한" 등으로 한에 대한 말이 많이 쓰인다. 그러나 이스라엘 민족들은 같은 고난의 삶을 살아왔으면서도 그 고난을 다르게 승화시켰다. 그들은 고난 중에서 "감사와 찬송"을 드릴 수 있었다.

시편 119편에선 다음 같이 고백이 이어진다. "고난 당한 것이 내게 유익이라 이로 말미암아 내가 주의 율례들을 배우게 되었나이다."시편 119편 71절 "고난 당하기 전에는 내가 그릇 행하였더니 이제는 주의 말씀을 지키나이다."시편 119편 67절 고난의 역사 중에서 개개인과 전체에도 유익함을 주는 역사가 바로 성경의 신앙이다. 시편을 깊이 묵상하면서 "빚진 인생"이 "감사와 찬양의 인생"으로 변화될 수 있었다. 시편 말씀이 내 영혼을 치유하였다.

시편 말씀은
영혼의 해부학이다.

– 칼빈

나는 이렇게
믿음의 사람이 되었다

    북한의 개성지역을 육안으로도 확인할 수 있는 애기봉, 그곳은 우리 집안이 600년 이상을 살아온 곳이다. 이곳에서 본 북한의 풍경은 남한의 여느 시골 풍경과 별 차이가 없었다. 임진강가에서 물장구를 치고 고기를 잡으며 어린 시절을 보냈다. 그러나 임진강을 통해 간혹 간첩이라도 내려올 때면 마을엔 총성이 울렸다. 북에서 쏴 대는 총에 마을 사람이 맞아 숨진 일도 있다.

    왜 같은 민족끼리 총질을 하며 싸워야 할까? 저 임진강에는 다리를 놓을 수 없을까? 남과 북이 하나가 되면 얼마나 좋을까? 나는 늘 임진강에 다리가 놓아져서 북한 땅에 가서도 마음껏 뛰어 놀고 싶었다. 책을 유달리 좋아하던 나는 모든 질문의 답을 주로 책에서 찾았다. 특히

"이탈리아 통일 3걸전"은 12살 소년이었던 내게 작은 방향과 길을 제시해준 책이라고 할 수 있다. "케말 파샤전" 역시 내게 지대한 영향을 미쳤다.

나는 그야말로 뼈대 있는 집에서 태어났다. 조선 초에 영의정을 지낸 박신의 24대 후손으로 대대로 내려온 양반 가문의 종손이었다. 법학을 공부하였던 아버지는 내게 법학을 공부하여 판검사가 되어야 한다며 나를 중학교 2학년 겨울에 서울로 유학을 보냈다. 대학에 입학 한 후 내 꿈은 국회의원이 되는 것이었다. 그 당시 국회의원쯤 되면 출세했다는 말을 들음직했다. 텃밭을 다지기 위해 대학에 입학하자마자 김포지역 대학생들을 모아 "동성회"라는 모임을 조직할 정도니 꿈을 향한 내 발길은 제법 분주했다. 내가 열심히 좇았던 것은 세상이 말하는 성공과 출세였다. 그 꿈들이 다 이루어졌다면 과연 나는 행복했을까?

내가 살던 마을에는 복숭아 과수원이 있었다. 그 안에 자그마한 예배당이 있었고, 입구엔 다음과 같은 구절이 적혀 있었다.

"수고하고 무거운 짐 진 자들아 다 내게로 오라 내가 너희를 쉬게 하리라"마11:28.

초등학교 4학년 때 친구들과 함께 여름 성경 학교에 갔다. 그때 여전도사님이 그림을 그려가며 노아의 방주 이야기를 해주셨는데 지금도 기억이 생생하다. 사실 교회를 가게 된 가장 큰 이유는 과수원에서 복숭아를 마음껏 먹을 수 있었기 때문이었다.

그 당시 나는 교회 다니는 사람들을 몹시 싫어했다. 내 눈에 비친 예수쟁이들은 품격도 떨어지고, 가난하고, 광적인 면도 보였기 때문이다. 그러나 그 시절 여름 성경 학교를 통해 하나님께서는 내 미래의 청사진을 보여주셨던 것이다. 이 사실을 훗날에야 깨달았다.

"하나님! 당신이 정말 존재한다면 저를 만나주소서!"

대학 입학 후 내 정신적 방황은 가속화되었다. 대학가는 데모가 그치지 않았고 늘 어수선했다. 나름대로 인생의 해답을 찾고 싶어 니체, 사르트르, 하이데거, 쇼펜하우어 등을 파고들었다. "신은 죽었다.", "나는 피로써 쓴 책을 좋아한다."는 문구에 푹 빠졌다. 그뿐 아니라 교내 불교 모임에도 참석했다. 그곳에서 성철스님 이야기를 들었다. 나는 성경과 불경 그리고 고시교재를 잔뜩 챙겨들고 해인사로 향했다.

해인사에 가니 백련암에 거처하신다는 성철 스님은 출타 중이셨다. 수양 중이던 스님과 함께 사흘간 한 방을 썼다. 한마디도 안하던 그에게 물었다.

"어떻게 이런 깊은 산속에 들어오셨나요?"
"인생의 문제 두 가지를 해결하기 위해서지요."
"어떤 문제입니까?"

"죽음과 사랑의 고통에 관한 것이지요."

성경도 읽고 불경도 읽으면서 많은 생각을 해보았으나 불교가 말하는 윤회설은 도무지 납득이 가지 않았다. 결국 이렇다 할 답도 찾지 못하고, 산업공학이라는 전공도 내 적성과는 동떨어져서 군 입대를 결심했다. 군 입대를 위해 고향집을 방문했다. 우리 농사를 도와서 지어주던 분의 자녀가 내게 성경책을 선물로 주며 눈물로 호소했다.

"예수를 꼭 믿으세요."

그녀에게 받은 기드온 성경책을 가지고 입대를 하게 되었다. 논산 훈련소에서 틈틈이 그 성경책을 읽었다. 드디어 논산 훈련소에서 훈련을 마치고 충청남도 조치원 32사단 99연대 자대에 배치를 받았다. 연대 안에는 병기 창고를 개조해서 만든 작은 군인교회가 있었다. 군기가 살벌하고 구타가 많았던 시절, 한 병사의 기도응답으로 생긴 교회이다. 대공초소에서 새벽보초를 서고 내려올 때마다 짬을 내서 교회에 들렀다.

"신이시여! 당신이 정말 존재한다면 저를 만나주소서!"

1982년 3월 6일 새벽, 드디어 내게도 기적이 일어났다. 요한복음4장 말씀을 통해 답을 들었던 것이다. 사마리아 여인이 예수님을 만나서 인생의 영혼의 갈증을 해결했듯이, 나도 요한복음4장의 예수님을 만남으로 영혼의 갈증을 해결할 수 있었다. 그 갈증이 어떠한지 나는 이미 체험했다. 재수시절 황달에 걸려 거의 죽게 되었을 때 한의사의 처방을 받은 적이 있다. 하루에 생수를 두 병씩 마시라는 것이었다. 이제 내 영혼의 황달을 위한 예수님의 처방이 내려졌다. 생수 자체인 그분을 마시라는 것이다. 내 인생의 해답은 곧 예수님이셨다. 그 사실을 깨닫는 순간 나는 교회 바닥에서 기쁨의 눈물을 흘렸다. 그날 이후 내 삶의 방향은 완전히 바뀌었다.

"내가 주는 물을 마시는 자는 영원히 목마르지 아니하리니 내가 주는 물은 그 속에서 영생하도록 솟아나는 샘물이 되리라." 요4:14

내가 주는 물을 먹는 자는
영원히 목마르지 아니하리니
나의 주는 물은 그 속에서 영생하도록
솟아나는 샘물이 되리라.

– 요한복음4:14

*
믿음의 힘으로 일어나다

예수 그리스도는
최고의 친구이다

유대인들의 지혜를 모은 탈무드에 나오는 이야기이다.

어떤 사람이 임금의 호출을 받고 후들후들 떨고 있었다.

임금님의 호출을 받고 가면 살아 남지 못하는 시대였기 때문이었다.

그는 1시간도 떨어져서는 못사는 가장 친한 친구에게 부탁을 했다.

"친구, 나와 함께 가서 나를 변호해 주게나."

그러나 가장 친한 친구는 "나는 갈 수 없으니 혼자 가게."하고 거절을

했다.

그래서 두 번째 친구인 떨어져서는 못사는 친구에게 부탁을 했다.

그런데 그 친구는 말하길 "궁궐 문 앞까지는 가줄테니, 궁궐 안에는 자네 혼자 들어가게."하고 말했다.

큰일 난 이 사람은 평상시에 미미하게 사귀던 친구인, 있어도 좋고 없어도 좋은 친구를 찾아갔다.

"친구, 임금님의 호출이 떨어졌어. 죽게 생겼다구. 나와 함께 가서 나를 변호해 주겠나? 부탁이네."

그러자 그 미미한 친구는 "암 물론이지. 내가 임금님께 가서 자네가 죄가 없음을 변호해 주겠네."라고 말했다.

어느 친구가 진정한 친구인가요?

첫째 친구는 돈이다. 1시간도 떨어져서는 못사는 친구이다.
돈 없이는 못 산다고 하지만, 하나님의 호출을 받을 때는 소용이 없다.

둘째 친구는 가족이다. 떨어져서는 못 사는 친구이다.
그러나 하나님의 호출이 올 때 가족은 궁궐 앞까지 가는 친구이다.

세 번째 친구는 예수님이다. 평상시에는 있어도 좋고 없어도 좋은 친구이다.
그러나 하나님 앞에서 우리를 변호해 주시는 분은 예수님이다.
예수님은 우리의 가장 좋은 친구이다.

위의 탈무드에 나오는 친구 이야기처럼 나도 힘들고 어려운 시기를 지나면서 그러한 경험을 했다. 평상시에 사람을 좋아하고 친구를 좋아하는 나는 늘 주변에 친구가 많다고 생각했다. 그런데 어려운 시련의 시기를 지나면서 내 주변의 사람들은 다 나를 떠나갔다. 나는 고통 가운데 내게 닥친 시련을 홀로 견디며 보낸 시간이 많았다. 그때 나는 너무 외로운 나머지 홀로 기도동산에 기도하러 간 적이 있었다. 기도굴에서 기도를 하는데 기도가 나오지를 않았다. 그래서 찬송가 1장부터 부르기 시작했다.

그때 불렀던 찬송가 중에 "귀하신 친구 내게 계시니."라는 찬송가가 있다. 영어로는 "I Have a Friend"로 되어 있다. 1절을 부르다가 많이 울었다. "귀하신 친구 내게 계시니." 탈무드의 세 친구처럼 나 역시 늘 예수 그리스도와 가깝다고 생각했지만 아니었다. 그때 기도원의 기도굴에서 찬송가를 부르면서 예수 그리스도만이 내 인생 여정의 유일한 친구임을 다시 확인했다. 물론 사람이 살면서 친구들이 필요하지만 어려움을 당해보니 역시 마지막 남는 친구는 예수 그리스도뿐이다.

그래서 로이스 맥마스터 부욜도 "역경은 누가 진정한 친구인지 가르쳐 준다."라고 한다.

역경은 누가 진정한 친구인지 가르쳐 준다.

– 로이스 맥마스터 부욜

*
믿음의 힘으로 일어나다

복음으로
다시 태어나다

나는 최근에 하프타임Half-Time을 갖으면서 이 책을 쓰고 있다. 22살 때 예수 그리스도를 구주로 믿고 믿음의 사람으로 살아왔고, 1991년 목사 안수를 받고 지속해온 24년간의 설교 사역을 잠시 쉬면서 여러 교회와 목회자의 설교를 들어보고 있다. 타산지석으로 나를 돌아보고 있다. 내가 다시 목회 사역과 설교 사역을 하면 어떻게 할까를 생각하면서 성경도 다시 읽고 있다. 나의 지난 사역을 반추해 보면서 복음서와 로마서를 깊이 묵상하고 있다. 그리고 내 자신에게 질문을 던져 본다. 나의 사역과 삶은 복음적이었나?

마가복음 1:1에 보면 이렇게 시작한다. "하나님의 아들 예수 그리스도의 복음의 시작이라." 롬1:17은 복음을 이렇게 설명해 놓았다. "복음에는 하나님의 의가 나타나서 믿음으로 믿음에 이르게 하나니 기록된 바 오직 의인은 믿음으로 말미암아 살리라 함과 같으니라." 마가복음의 시작에서 "복음"은 "하나님의 아들 예수 그리스도"가 복음이다. 로마서1:17절에서 "복음"은 "하나님의 의"이다. "복음"은 나의 목적이 아니라 "하나님의 의"인 하나님의 목적과 의도를 받아들이고 그렇게 믿고 사는 것이다. "하나님의 의"는 하나님께서 그 아들 예수 그리스도를 나를 위해서 보내신 것을 믿고 받아들이는 것이다. 복음은 예수 그리스도이다.

지난 33년간의 나의 믿음 생활과 24년간의 목회생활을 돌아보면서 나의 언행, 설교, 삶을 돌아볼 때, "율법적인 삶에서 복음적 삶으로의 전환"을 결단하게 된다. 그동안 너무 익숙해진 관습에 젖어 있지는 않았는지를 돌아보게 된다. 하프타임을 보내면서 보니 변해야 할 부분들이 많다. "하나님의 아들 예수 그리스도의 복음의 시작이라." "복음"인 예수 그리스도와 나도 다시 시작하는 삶이 되기를 소망하고 준비하면서 하프타임 동안에 "복음"의 사람으로 준비되기를 소망한다.

복음에는 하나님의 의가 나타나서
믿음으로 믿음에 이르게 하나니
기록된 바 오직 의인은
믿음으로 말미암아 살리라 함과 같으니라.

– 로마서 1:17

눈물의 기도가
진주를 만든다

나는 몇 년간 고난의 세월을 보내면서 많은 기도의 시간을 가졌다. 너무 힘들어서 한 주의 3일간은 기도원에 가서 금식하며 3일씩 있기를 만 2년간 계속하기도 하였다. 눈물의 기도를 드리는 동안 많은 응답과 은혜를 받았다. 나 자신의 변화도 체험하였다. 서양에서는 결혼하는 딸에게 어머니가 '얼어붙은 눈물frozen tears'이라고 부르는 진주를 선물한다. 딸이 결혼 후 흘릴 눈물을 상징하는 선물이다. 왜 하필 진주인가.

진주는 '아비큘리데'라는 굴의 몸에 들어온 모래알이 변해 생성된 보석이다. 몸에 모래알이 들어오면 굴은 둘 중 하나를 선택해야 한다. '나카'라는 특수한 물질을 생성해 살갗에 파고든 모래알을 끊임없이 감싸거나, 아예 모래알을 무시해버려야 한다. 나카가 모래알을 감싸면 엄청난 고통이 따른다. 그러나 고통의 분량만큼 진주는 점점 커진다. 모래알을 무시하면 통증은 없지만 살이 곪아서 곧 죽게 된다.

인생도 마찬가지다. 삶의 모래알을 만날 때 기도로 맞서 눈물의 진주를 만드는 사람이 있고, 이리저리 피해 다니다가 파멸하는 사람이 있다. 역경을 대하는 태도에 따라 인생이 확연하게 달라진다.

눈물은 강력한 힘을 갖는다. 아내의 눈물은 남편을 감동시킨다. 자녀의 눈물은 부모의 마음을 녹인다. 눈물의 기도는 하늘 보좌를 움직인다. 곡읍할 대상이 있다는 것은 참 행복한 일이다. 하소연할 상대가 없는 사람은 울지도 못한다. 크게 놀란 아이들은 부모의 얼굴을 보면 아무 말도 못한 채 울음만 터뜨린다. 어린이의 통곡은 가장 강렬한 사랑의 표현이다.

고아는 울지 않는다. 고아는 슬프고 괴로워도 눈물을 보이지 않는다. 울어도 관심을 가져줄 사람이 없다는 것을 알기 때문이다. 마음의 상처가 눈물샘을 막아버렸다. 고아는 좀처럼 눈물을 보이지 않는다. 고아처럼 빙결된 영혼을 녹이는 것은 사랑뿐이다. 미국 미시간주의 성요셉보육원에 아주 포악한 고아 소년이 있었다. 걸핏하면 친구들과 싸웠다. 학교에서 퇴학까지 당했다. 입양도 실패했다. 고아 소년은 웃음과 눈물을 모두 잃어버렸다. 어느 날, 베레다 수녀가 그를 꼭 껴안으며 속삭였다. "하나님은 너를 놓지 않는다. 너를 사랑한다. 힘들 때는 울며 기도하라."

소년은 이 말에 큰 감동을 받았다. 그는 마음을 고쳐먹고 피자 만드는 일에 몰입했다. 피자 한 판을 11초에 반죽하는 최고 기술자가 됐다. 나중에는 피자 체인점을 만들어 세계적 기업으로 성장시켰다. 이 사람이 바로 도미노 피자를 만든 톰 모너건이다. 이것이 사랑의 힘이다. 눈물의 기도는 진주를 만든다.

힘든 시간을 지나면서 마음에 새겼던 "아픔을 견딘 나무 이야기"도 마음에 깊이 새겼던 이야기다. 아름다운 소리를 내는 악기는 아픔을 견딘 나무로 만든다고 한다. 로키산맥의 해발 3000m의 높이에는 수목 한계선 지대가 있다. 이 지대의 나무들은 매서운 바람으로 인해 곱게 자라지 못하고 무릎을 꿇고 있는 모습을 하고 있다고 한다. 이 나무들은 열악한 조건이지만 생존을 위해 무서운 인내를 발휘하며 지낸다고 한다. 그런데 세계적으로 가장 공명이 잘되는 명품 바이올린은 바로 이 무릎을 꿇고 있는 나무로 만든다고 한다. 아픔을 견딘 나무가 아름다운 소리를 내는 것이다. 고난을 견딘 나무를 통해 고난을 견딜 수 있는 소리를 담은 악기가 만들어지는 것이다.

아름다운 영혼으로 아름다운 인생을 살아가는 사람은 무릎 꿇은 나무와 같이 살아가는 사람이다. 아름다운 영혼을 갖고 인생의 절묘한 선율을 내는 사람은 아무런 고난 없이 좋은 조건에서 살아온 사람

이 아니다. 오히려 온갖 역경과 아픔을 겪어온 사람이다. 베토벤은 청
각 장애의 아픔을 통해 아름다운 명곡을 만들어 냈다. 우리 인생 가운
데 다가오는 아픔을 잘 익히면 향기가 난다. 아픔을 잘 지나면 진주처
럼 보석이 된다. 우리의 인생은 아픔을 통해서 명품 인생이 된다. 눈
물의 기도가 진주를 만드는 것이다.

눈물로 기도하는 어머니를 둔 자식은
결코 망하지 않는다.

– 암브로시우스

믿음의 힘으로
일어나다

    제5장 "믿음으로 일어나다" 부분을 쓰면서 많이 고민하였다. 지난 몇 년간의 삶을 돌이켜 볼 때, 믿음은 정말 폭풍우가 몰아치는 시련 속에서 진가를 발휘하는 것이 맞는다. 순탄할 때는 믿음이 좋은 것 같지만, 역경과 시련을 겪어 보면 그 믿음이 얼마나 신실한 믿음인지 아닌지를 알 수 있다. 예수님의 산상수훈의 결론의 말씀이 맞는다. 모래 위에 지은 집과 반석 위에 지은 집으로 집은 평상시에는 차이가 없지만, 비바람이 불고 폭풍이 치면 달라진다. 모래 위의 집은 무너지고, 반석 위의 집은 무너지지 않는다.

    내가 7년 전 건물을 지을 때 나는 참 믿음이 좋은 사람인 줄 알았다. 박사학위를 받았지, 교수지, 그동안 20년이 넘도록 믿음의 일을 했으니 당연히 믿음이 좋다고 생각했다. 그런데 아니었다. 인간의 한계 상황의 고난을 겪어 보니 그동안 내가 가지고 있던 믿음이 별거 아니었다. 실제로 내 것이 되지 않은 믿음이었다. 용광로에 철을 넣어서 녹인 다음에 새로운 주물을 만드는 것처럼, 믿음도 시련이라는 용광로를 통과한 다음에 분별이 되는 것은 분명하다.

몇 년간 혹독한 고난의 용광로를 통과한 후에 내가 다시 생각해보는 '믿음'이란 무엇인가? 2014년 기도원에 갔을때 들었던 주님이 들려주신 음성에 답이 있다. "내가 너희를 고아와 같이 버려두지 아니하고 너희에게로 오리라."는 요한복음14:18의 말씀을 상기해 볼 때 삶의 주도권을 주님께 있다. "보이지 않는것 같지만 실제로 신뢰하고 믿고 살아 가게 되는 존재"가 믿음이라고 말할 수밖에 없다. 성경 히브리서11장의 믿음의 정의가 맞는 말이다. "하나님께 나아가는 자는 반드시 그가 계신 것과 또한 그가 자기를 찾는 자들에게 상 주시는 이심을 믿어야 할 지니라"히11:6. 지난 몇 년의 고난의 과정을 거치면서 분명히 고백하는 것은, '믿음'도 연단을 통해서 정금처럼 존귀한 믿음이 된다는 사실이다. 믿음의 힘으로 다시 일어나다.

260
❊
일어나다

내가 너희를 고아와 같이 버려두지 아니하고
너희에게로 오리라.

– 요한복음 14:18

*
믿음의 **힘**으로 일어나다

> 전화위복의 기회로 삼아라
> 아픔을 통해 명품 인생이 된다
> 고난을 디딤돌로 더 높이 도약하라
> 쉬지 않는 열정이 최후 승리를 만든다
> 고난은 신이 준 선물이다

제 6 장

고난은
신의
선물이다

전화위복(轉禍爲福)의
기회로 삼아라

나는 고등학교 3학년 졸업을 하면서 치른 예비고사에서 낙방한 부끄러운 경험이 있다. 내가 고등학교를 졸업하던 1977년도에 대학을 가기 위한 예비시험으로 예비고사를 치렀다. 예비고사 점수에 맞추어서 원하는 대학에 본고사를 치르고 진학하는 그런 입시제도였다. 그런데 나는 예비고사에서 아예 낙방을 한 것이다. 점수 자체가 없었다. 지금도 알 수 없는 일이지만, 아마도 나는 답안지에 이름을 쓰지 않았던지 뭔가 OCR카드 작성에 결정적인 실수를 했던 것 같다.

예비고사 성적표를 받아 본 날, 나는 너무 황당해서 사실 여부를 알아보고자 예비고사 업무를 담당하는 곳을 찾아가 보기도 하였다. 그러나 자세한 사실 여부는 알 수가 없었다. 예비고사에 관한 어떤 사항도 알 수가 없었다. 예비고사 낙방 사실은 지금까지 살아오면서 공개하지 않은 나만의 비밀이고 내 마음 깊은 곳의 상처였다. 나는 너무도 창피하고 막막해서 같이 어울려 지내던 친구들에게도 말하지 않았다. 예비고사 낙방이 있은 지 며칠 후 나는 마음을 좀 추스르고 당시 담임이시던 용문고등학교 3학년 9반 김상우 선생님을 찾아갔다.

그때 김상우 선생님은 내가 지금까지 살아오면서 한순간도 잊지 않고 내 인생의 좌우명으로 삼고 있는 한마디의 말씀을 해주셨다. "전화위복의 기회로 삼아라." 김상우 선생님은 내 손을 꼭 잡아 주시면서 이번에 겪은 일을 전화위복의 기회로 삼아서 더 열심히 노력하면서 살아가라고 권면해 주셨다. 김상우 선생님의 권면의 말씀대로 그후 나는 30여 년을 참 열심히 내 인생의 전화위복을 이루어 내고자 살았다. 그 실패의 경험 덕분에 나는 끝까지 공부해서 박사학위도 받고, 교수도 하고, 글도 쓰고, 방송도 하는 사람이 되었는지 모른다.

이 글을 쓰면서 "전화위복"이 무슨 뜻인지 그 의미와 유래를 알아보기 위해서 네이버에 "전화위복"을 검색해 보았다. "전화위복轉禍爲福"에 대해 이렇게 적혀있다. 화가 바뀌어 복이 된다는 뜻으로, 어떤 불행한 일이라도 끊임없는 노력과 강인한 의지로 힘쓰면 불행을 행복으로 바꾸어 놓을 수 있다는 말이다. "전화위복"이라는 말의 유래에 대해서는 다음과 같이 적혀있다. 전국시대 합종책으로 6국, 곧 한, 위, 조, 연, 제, 초의 재상을 겸비했던 종횡가 소진은 이런 말을 한 적이 있다.

"옛날에 일을 잘 처리했던 사람은 화를 바꾸어 복이 되게 했고 실패한 것을 바꾸어 공이 되게 했다." 어떤 불행한 일이라도 끊임없는 노력과 강인한 의지로 힘쓰면 불행을 행복으로 바꾸어 놓을 수 있다는 말이다.

맞는 말이다. 이 글을 쓰면서도 고3 졸업반 때 담임 김상우 선생님이 전화위복의 기회로 삼으라고 말씀 하신 것이 새삼 감사하다. 나는 최근에 몇 년간 건물을 짓고 빚 때문에 몇 년을 고생했다. 그러면서 또 생각났던 것이 "전화위복의 기회"였다. 나는 인간의 한계상황이라고 할 만큼 힘든 고난의 시기를 지나면서 내게 닥친 위기를 기회로 바꾸는 열 가지를 실천하면서 위기를 극복하고 새롭게 도약하게 되었다. 내가 전화위복의 기회가 되게 하고자 실천하는 "위기 극복 열 가지 비결"은 다음과 같다.

1. 원망하지 말라.

원망하기 시작하면 끝이 없다. 소득 없는 시간 낭비에 지나지 않는다. 원망은 마음을 상하게 하고 가슴속에 응어리져 건강을 해치며, 결국은 자기 손해만 남게 된다. 모든 결과를 겸허하게 받아들이는 마음의 준비가 필요하다.

2. 자책하지 말라.

후회와 반성은 지독하게 하되 한 번으로 족하다. 중요한 사실은 보란 듯이 다시 일어나는 일이기 때문이다. 지금은 괴로워만 하고 있을 시간이 없다.

3. 상황을 인정하라.

한 번 실패를 한 사람이 재기를 못 하는 원인 중 하나가 좀처럼 현실을 인정하려 들지 않는다는 데 있다. 과거는 소리 없이 흘러갔을 뿐이다. 현실을 냉정하게 인정할 줄 아는 것이 중요하다.

4. 궁상을 부리지 말라.

'내 처지가 이런데... 일어날 때까지 모두 날 봐주겠지.'라는 마음에 위로받을 생각은 아예 하지 말라. 그 어떤 위로도 나의 다시 일어나고자 하는 나의 의욕만은 못하기 때문이다. 이런저런 사람을 찾아다니면서 궁상을 부리는 것이 적극성이 아니다. 죽겠다는 소리는 입 밖에도 내지 말라. 아직 건재하다는 믿음이 있을 때 누구든지 지원하고 싶은 마음이 생긴다.

5. 조급해 하지 말라.

조급해서 얻을 수 있는 것은 실수뿐이다. 오히려 한숨 돌리며 걸어온 길을 점검하고 나 자신을 돌아보라. 아예 이 기회에 못 다한 공부에 몰두해 보는 것도 한가지 방법이 될 것이다. 어떤 일을 서둘러 덤벼들기보다는 시야를 넓혀 한발 뒤로 물러서서 보는 여유와 느긋하게 계획을 세워가는 것이 필요하다.

6. 자신을 바로 알라.

내가 어쩌다가 여기까지 왔나를 냉정하게 생각해 볼 필요가 있다. 자책이 아니라 반성이다. 현재 나의 능력은 어느 정도인가? 계획하는 일을 위한 건강 상태는 어떠한가? 나의 몸값은 실제로 얼마인가? 과연 무엇을 하는 것이 나다운 것인가? 자기가 가야 할 목표가 분명히 정해져 있는 사람은 방황하지 않는다.

7. 희망을 품어라.

희망은 생명을 살리는 기적을 낳는다. 어려운 역경 속에서도 우리의 삶에 의미가 있는 것은 우리에게 희망이 있기 때문이다.

8. 용기를 내라.

"바닥을 치고 일어나는 성공이 진정한 성공이다." 아무것도 없었던 맨 처음 때를 생각하고 그때의 용기를 다시 내자. 누군가 "성공한 사람의 과거는 비참할 수록 아름답다"고 했다. 용기는 내라고 있는 것이다.

9. 책을 읽어라.

책을 읽되, 우선 의욕 관리를 위해서 실패담보다는 성공사례를 많이 읽어라. 책 속에 길이 있다. 사람은 책을 만들고 책은 사람을 만든다. 책 읽는 리더Reader가 리더Leader가 된다. 모든 실패를 딛고 다시 일어선 사람들은 책 속에 길을 찾은 사람들이었다.

10. 성공한 모습을 상상하고 행동하라.

사람은 누구나 자기가 되고 싶은 모습이 있게 되고 또 자기도 모르는 사이에 그렇게 변해 간다. 간절히 기도하는 마음을 품고 바라면 그대로 이루어진다. 성공한 사람에게는 사람이 모이게 마련이다.

전화위복轉禍爲福의 기회로 삼아라. 이 말은 1977년 이후 거의 40여 년 동안 내 마음에 간직하고 나를 이끌어온 말이다. 우리는 누구나 살면서 예기치 않은 고난과 폭풍우를 만날 때가 있다. 그럴 때마다 마음속으로 다짐하자. 이번 일을 "전화위복"의 계기로 삼아 다시 일어나자. 그러면 다짐한 만큼 화가 변하여 복이 된다. 나는 지난 7년간 인생 광야수업을 한 덕분에 도서관에서 만여 권의 책을 보고 지금 이 글을 쓰면서 작가가 되어가고 있고, 방송을 하게 되었고, 사람들 앞에서 글쓰기에 대해서 강의도 하고, 절망 속에서 싹 틔운 희망을 이야기하게 되었다. 우리 앞에 있는 고난은 희망으로 건너가는 징검다리이다. 삶의 모든 순간을 전화위복의 기회로 삼고 살아가면 좋겠다.

고난은 신의 선물이다

옛날에 일을 잘 처리했던 사람은
화를 바꾸어 복이 되게 했고,
실패한 것을 바꾸어 공이 되게 했다.
어떤 불행한 일이라도
끊임없는 노력과 강인한 의지로
힘쓰면 불행을 행복으로 바꾸어 놓을 수 있다.

– 소진

아픔을 통해
명품 인생이 된다

아름다운 소리를 내는 악기는 아픔을 견딘 나무로 만든다고 한다. 로키산맥의 해발 3,000m의 높이에는 수목 한계선 지대가 있다. 이 지대의 나무들은 매서운 바람으로 인해 곱게 자라지 못하고 무릎을 꿇고 있는 모습을 하고 있다고 한다. 이 나무들은 열악한 조건이지만 생존을 위해 무서운 인내를 발휘하며 지낸다고 한다. 그런데 세계적으로 가장 공명이 잘되는 명품 바이올린은 바로 이 무릎을 꿇고 있는 나무로 만든다고 한다. 아픔을 견딘 나무가 아름다운 소리를 내는 것이다. 고난을 견딘 나무를 통해 고난을 견딜 수 있는 소리를 담은 악기가 만들어 지는 것이다.

아름다운 영혼으로 아름다운 인생을 살아가는 사람은 무릎 꿇은 나무와 같이 살아가는 사람이다. 아름다운 영혼을 갖고 인생의 절묘한 선율을 내는 사람은 아무런 고난 없이 좋은 조건에서 살아온 사람이 아니다. 오히려 온갖 역경과 아픔을 겪어온 사람이다. 베토벤은 청각 장애의 아픔을 통해 아름다운 명곡을 만들어 냈다. 우리 인생 가운데 다가오는 아픔을 잘 익히면 향기가 난다. 아픔을 잘 지나면 진주처럼 보석이 된다. 우리의 인생은 아픔을 통해서 명품 인생이 된다.

우리가 잘 알고 있는 위대한 명작들은 대부분 고난 속에서 피어난 아름다운 장미와 같은 것들이다. 고난이 위대한 명작을 만든다. 여기한평생 고난의 길을 걸었던 음악가가 있다. 그의 아버지는 술독에 빠져 살았고 아버지의 술주정은 가정을 가난하게 만들었다. 그래서 나이어린 11살 때부터 극장 오케스트라에서 일하면서 돈을 벌어야 했다. 그가 열일곱 살이 되었을 때 설상가상으로 어머니가 폐결핵으로 죽게 되는 비운을 맞이했다. 그래서 그는 어린 동생을 부양해야 했고 서른 살이 되었을 때는 작곡가의 생명인 귀에 그만 이상이 오면서 귀가들리지 않았다. 그는 한때 절망하여 이렇게 외쳤다. "나의 인생은 왜이렇게 슬픔과 고통스런 삶의 연속인가? 나의 귀로 들을 수만 있다면얼마나 좋을까?" 그러나 그는 그것에 굴하지 않고 작곡에 열심을 다했다. 결국 그 유명한 교향곡 9번을 작곡하여 직접 연주를 마쳤을 때장내는 떠나갈 듯한 박수갈채가 퍼졌다. 그 열광의 도가니는 정말 대단했다. 그런데도 그는 전혀 들을 수 없었기에 그것을 전혀 모르고 있었다. 마침내 옆에 있는 사람이 그를 뒤로 돌려서 장내를 향하여 답례

할 것을 알려준 후에야 그의 작품이 대성공이었음을 알았다. 그가 바로 그 유명한 천재 작곡가이면서 인생의 모든 악조건을 딛고 불후의 명곡들을 만든 음악의 아버지라 불리우는 베토벤이었다.

베토벤뿐만 아니라 모든 위대한 명작들은 고난을 딛고 피어난 것들이었다. 기독교 강요는 칼빈이 육신의 고통에 시달리는 가운데 저술한 것이다. 해리포터 시리즈는 조앤 롤링이 절망의 밑바닥에서 쓴 이야기이다. 화인 크로스비는 소경이면서 수많은 찬송곡을 작곡하였다. 독일어 성경은 마틴 루터가 원수들의 눈을 피해 발트 부르크성에 숨어서 번역한 것이다. 천로역정은 존 번연이 음침한 감옥에서 쓴 것이다. 로빈슨 크루소의 이야기는 다니엘 디포가 감옥에서 쓴 것이다.

지금 역경의 자리에 있다면 그곳은 나를 위대하게 만드는 좋은 자리이다. 이런 어려운 환경을 내가 억지로 만든 것이 아니라면 그것은 분명히 하나님이 내게 주신 절호의 기회이다. 이 기회를 놓치지 말고 그 안에서 열심히 최선을 다해 지금 하던 일을 멈추지 말고 계속한다면 좋은 결과가 있을 것이다. 고난이 위대한 명작을 만든다. 지난 몇 년간 아픔과 눈물을 통해서 새로운 작품으로 빚어져 감에 감사하다.

고난은 신의 선물이다

안락은 악마를 만들고,
고난은 사람을 만드는 법이다.

- 쿠노 피셔

고난을 디딤돌로
더 높이 도약하라

고난과 역경으로 인해서 나락으로 떨어졌다가도 강한 회복 탄력성으로 튀어오르는 사람들은 대부분 원래 있었던 위치보다 더 높은 곳까지 올라간다. 그야말로 실패를 성공의 원동력으로, 오늘의 아픔을 내일의 희망의 원천으로 삼는 셈이다. 이러한 사람들에게는 고난과 역풍이 오히려 반가운 존재이다. 마치 하늘을 나는 연처럼 바람이 불면 더 높이 날아오르기 때문이다. 역경이야말로 사람을 더욱더 강하게 튀어오르게 하는 스프링보드와 같은 역할을 한다.

컴퓨터 업체인 HP Hewlett - Packard Company의 전 여성 CEO 칼리 피오리나 Carly Fiorina는 "진정한 성공을 위해서는 위기를 기회로 삼을 줄 알아야 한다"고 충고한다. 미국 경제 전문지 포춘 Fortune에 의해 1998년부터

6년 연속 세계 최고의 여성 CEO로 선정된 그녀는 "리더의 자질은 바로 도전의식에서 오는데, 그것은 좌절을 겪어야만 생성되는 것"이라고 말하였다.

위기Crisis란 "분리하다"를 뜻하는 그리스어의 "Krinein"에서 유래한 말이다. 이는 본래 회복과 죽음의 분기점이 되는 갑작스럽고 결정적인 병세의 변화를 가리키는 의학 용어로 '결단' 혹은 '단호함'의 의미로 사용되기도 하였다. 그러한 점에서 보면 위기는 선택의 기로이자 기회라는 뜻으로 해석할 수 있다.

실패의 또 다른 이름은 기회라는 말이 있듯이 실패와 기회는 동전의 양면처럼 늘 함께 찾아 온다. 우리는 실패 앞에 보다 당당해져야 할 필요가 있다. 그것은 인생을 살아가면서 경험 중의 하나이며, 시련이 클수록 개인의 역량이 깊어지기 때문이다. 삶을 아름답게 하며 더 크게 하는 것은 성공이 아니라 역경과 고난, 절망의 과정이다. 그러므로 좌절을 더 큰 도약의 기회로 바꾸어 가야 한다. 고난을 디딤돌로 더 높이 도약하라.

길을 가다가 돌이 나타나면
약자는 그것을 걸림돌이라고 하고,
강자는 그것을 디딤돌이라고 말한다.

– 토마스 카알라일

*
고난은 신의 선물이다

쉬지 않는 열정이 최후의 승리를 만든다

실패 속에서도 최후에 성공한 사람들의 특징은 쉬지 않는 열정을 지녔다는 데 있었다. 쉬지 않는 열정은 결국 실패를 태워버린다. 내가 하는 일을 사랑하며 그것에 정열을 불태울 때는 비록 작은 것이라 할지라도 위대한 것을 이룰 수 있다. 다음에 나오는 사람들의 공통점은 쉬지 않는 열정으로 최후에 승리한 진정한 삶의 승리자들이다.

레오나르도 다빈치는 세기의 위대한 미술가로 명성을 떨치기까지는 남다른 열정이 그에게 있었다. 그는 "최후의 만찬"의 한 작품을 위해 무려 10년에 걸쳐서 그림에 열중한 나머지 어떤 때는 밥을 먹는 것조차 잊어버렸다고 한다.

하이든은 많은 역경을 겪으면서도 800개의 곡을 작곡한 대 작곡가이다. 그의 작품 중에 불후의 명곡인 창세기의 성경 내용을 그린 "천지 창조"는 나이가 지긋이 든 66세에 발표한 곡이었다.

베이브 루스는 미국의 영원한 홈런왕이라고 불리우는 그는 삼진 아웃을 가장 많이 당한 선수였다. 이전에 삼진왕이라는 불명예의 명칭이 따라다녔던 그는 끊임없는 노력으로 결국 홈런왕이 되었다.

일리사 오티스는 기계공으로 자기가 계획했던 네 번이나 계속하였으나 실패하였다. 결국 다섯 번째 도전하여 성공하였는데 그것은 고층빌딩에서 사용하는 엘리베이터였다. 그것의 발명으로 고층빌딩에 엘리베이터가 생기게 되었다.

아이작 싱거는 세익스피어 연극에서 별로 신통치 못하던 배우로 일하다가 그만두고 재봉틀 만드는 일을 시작하였는데, 그 성공으로 유명한 "싱거 재봉틀"이 탄생하게 된 것이다.

조지 이스트만은 은행 말단 직원으로 일하다가 취미를 살려 회사를 설립하였다. 그 회사가 바로 세계적으로 유명한 "코닥필름"회사이다.

로우랜드 메이시는 사업에 큰 뜻을 품고 도전했지만 거듭 실패하였다. 그가 다섯 번째 도전하여 성공한 회사가 바로 세계 처음으로 등장한 현대식 백화점인 뉴욕의 메이시 백화점이다.

월 켈로그는 빗자루를 만드는 공장에서 매니저로 일하였다. 그는 옥수수를 튀겨 아침 식사로 콘 프레이크를 만들어 먹었는데 그것이 나중에 유명한 아침 식사 대용품으로 인기를 끌고 있는 "켈로그 콘 프레이크"이다.

스스로에게 다짐을 하기 위해서 실패하면서도 끝까지 열정을 품었던 사람들을 적어 보았다. "실패를 계속 할 수 있는 능력"은 쉬운 말은 아니다. 나는 이번에 실패를 경험해 보면서 많이 힘들었다. 다시 추슬러서 열정을 품기까지 오랜 시간이 걸렸다. 몇 년간을 바닥에 엎드려 있었으니 이제 일어나야 하지 않을까 싶다. 이 책의 제목 "일어나다" 대로 다시 열정을 품어야 할 시간이다.

성공이란 열정을 잃지 않고
실패를 거듭할 수 있는 능력이다.

– 윈스턴 처칠

*
고난은 신의 선물이다

고난은 신이 준 선물이다

이제 이 책의 첫 번째 장을 마무리하려고 한다. 이 책의 첫 번째 장의 제목을 왜 "고난은 신이 준 선물이다"로 정했는지를 설명하려고 한다. 자칫 제목에 의문이나 반감을 가질 수도 있기 때문이다. "고난은 신이 준 선물이다"라는 제목을 보면서 여러분의 느낌과 생각은 어떠한가? 고난이 신이 준 선물이라고? 대부분 사람들은 고난을 저주 내지는 불행이라고 생각하기 마련이다. 그런 고난 때문에 내 인생이 지금 이렇게 힘들게 살고 있다. 아니면 "그 고난만 아니었어도 내 인생은 지금보다 더 좋았을 텐데"라고 생각할 수도 있다. 그러나 그것은 인생이라고 하는 큰 산의 일부분만을 보는 근시안적인 시야이다.

나 역시 그랬다. 지금부터 7년 전 빚을 지고 재정문제로 많은 사람들에게 시달리고 인생의 앞날에 출구가 없다고 생각이 될 때가 있었다. 그때에 내가 생각하던 것이 바로 그 생각이었다. 왜? 나만 이런 고난을 겪어야 하나? 고난을 신의 선물이라고 생각하기커녕 날마다 마지막 날 같은 힘겨운 재정과의 싸움에 숨쉬기도 힘든 하루 하루였다. 그런 상황 가운데서 나도 고난을 신의 선물이라고는 감히 말할 수 없었다.

그런데 어느 날 내 방에서 책을 읽다가 나는 이 구절을 발견했다. "고난은 신의 선물이다." 정진홍 칼럼리스트가 쓴 『완벽에의 충동』이라는 책인데, 그 책 2장에 나오는 사람들이 다 온갖 고난을 다 겪고 결국에는 인생의 승리자가 되는 모습을 담은 내용이었다. 징키스칸, 오프라 윈프리, 아브라함 링컨, 랜스 암스트롱, 라차드 닉슨 등 모두 다 인생에서 말할 수 없는 고난을 겪었지만, 결국에는 그 고난으로 인해 승리한 사람들의 이야기였다.

나는 난방도 안 되는 추운 방에서 이불을 뒤집어쓰고 책을 읽다가 일어나 앉아서 정신을 차리고 그 부분을 읽었다. 징키스칸의 인생고백에 해당하는 내용인데, 징키스칸을 위대하게 만든 것은 가혹한 시련이었고 징키스칸은 뺨에 화상을 맞고도 살아났고, 심지어는 자신의 아내가 적장에게 체포되어 적장의 아이를 낳았는데도 인생을 포기하지 않았다. 그는 이렇게 자신의 인생고백을 마치고 있다. "내가 나를 극복했을 때 나는 징키스칸이 되었다." 인간이 겪을 수 있는 모든 고난을 다 겪으면서도 결코 포기하지 않고 자기를 극복하고 일어섰던 징기스칸은 결국 대 몽골제국을 세우지 않았던가? 징기스칸에게 가혹한 시련은 자신을 세워가는 신의 선물이었을 것이다.

징기스칸뿐만 아니라 오프라 윈프리의 이야기도 고난이 결국은 신의 선물임을 알게 해주었다. 오프라 윈프리 역시 인생의 온갖 밑바닥을 경험하는 고난을 겪고 난 후에 세계에서 영향력 있는 인물로 우뚝 서게 되었다. 무엇이 그녀를 그렇게 성공한 인물로 만들었는가? 인생의 초창기에 겪은 시련이다. 나는 오프라 윈프리가 그만큼 위대하게 된 것 역시 고난의 선물이라고 생각한다. 고난은 확실히 신의 선물이다.

이 책의 첫 장의 첫 제목을 쓰면서 "전화위복의 기회로 삼아라"라는 제목으로 썼다. 오랫동안 망설였지만 결국 이 책을 쓰게 되었고, 이 책을 쓰면서 먼저 나의 지나온 인생 여정에서 가장 큰 상처인 과거의 예비고사 낙방문제부터 고백하고 새롭게 출발하고자 했기 때문이다. 첫 책을 내면서 가장 부끄러웠던 과거의 이야기부터 썼다. 쓰고 나니 마음이 가벼워지고 힐링Healing이 된다. 뭔가 내 내면 깊이 담겨져 있던 응어리가 풀려져 나가는 느낌이다. 지나온 인생 여정을 돌아보면 그때 예비고사를 낙방한 것이 전화위복이 되어서 오늘의 나를 만든 것은 사실이니까. 또 앞으로도 살아가가면서 어떠한 고난이 와도 전화위복의 기회로 삼아 버리며 흘려보내자고 다짐하며 이 글을 쓴다.

"고난을 대하는 태도에 따라 삶이 달라진다"는 주제도 마찬가지이다.

인간은 생각하기에 따라서 그의 삶이 너무나 달라진다. 결국 마음먹기에 따라서 인생이 달라진다는 말이다. 그러한 의미에서 내가 마음을 변화시키고 나를 세워갔던 과정을 정리한 이 책이 당신에게도 삶이 결정적으로 달라지는 계기가 되리라 확신한다. 그리고 사람은 고난이라고 하는 용광로에서 변화되는 것이 맞는 말이다. 사람은 참 변화가 되지를 않는데, 사람이 결정적으로 변화가 되는 때는 고난의 때이기 때문이다. 이 글을 쓰고 있는 나 역시 지난 몇 년간 고난의 골짜기를 지나면서 변화되기 시작했으니 말이다.

대부분의 사람들은 인생을 빨리빨리 살아서 남보다 성공하고 싶어 한다. 나 역시 그랬다. 그런데 깊이 있는 인생은 고난의 때에 만들어진다. 빨리 간다고 성공이 아니다. 빨리 가는 것보다 바른 방향으로 가는 것이 중요하며, 비록 고난을 겪더라도 깊이가 있는 인생이 진정 행복한 인생이다. 그러한 의미에서 고난은 신의 선물이다. 이제 이러한 마음을 가지고 내 인생을 변화시킬 책, 사람, 꿈, 믿음으로의 여행을 시작해 보자. 여러분의 이 책과 함께하는 여정에서 광야의 보석상자를 가득 채우길 바란다. 이 책을 다 읽고 나서 덮을 무렵에는 여러분의 보석상자에도 각종 보석들이 가득 채워지기를 소망한다.

고난은 신의 선물이다

고난 당한 것이 내게 유익이라
이로 말미암아 내가 주의 율례들을
배우게 되었나이다.

– 구약성경 시편 119:71

고난은
나를 날게 하는
날개이다

찰스 코우만 여사는 나비를 연구하는 학자였다. 그녀는 많은 연구 중에서도 애벌레에서 나비가 되는 과정을 1년간이나 연구했다. 한번은 애벌레가 고치에서 구멍을 뚫고 그 작은 구멍으로 나오기 위해 몸부림을 치고 있었다. 그러나 뚫지 못하고 오랫동안 힘겨워하는 모습을 보고 안쓰러운 마음에 가위로 고치 구멍을 조금 잘라주고 흐뭇해했다. 그녀는 애벌레가 곧 고치에서 손쉽게 나와 세상을 힘차게 훨훨 날아다니리라고 생각했다.

그런데 코우만 여사의 기대와는 달리 고치에서 나온 나비는 날개짓도 하지 못하고 심지어 날개조차 펴지 못한 채 바닥에 질질 끌고 다니다가 힘없이 죽고 말았다. 나비가 되기 위해서는 힘들지만 나비 스스로의 힘으로 고치를 뚫고 나와야 했던 것이다. 코우만 여사는 작은 구멍을 뚫고 나오려는 몸부림이 날개에 힘을 주고 결국은 그 고난이 힘을 주고 화려한 날개를 펴게 하는 축복임을 알게 되었다. 우리에게 고난이 있다면, 그 고난은 우리를 날게 하는 날개가 될 것이다.

『일어나다』는 내 삶의 이야기이다. "내 인생의 광야수업" 이야기이다. 지난 7년여 동안 인생의 광야대학에서 나를 일으켜 세웠던 보석같은 이야기들이다. 마음을 열고 내 인생의 광야수업 이야기를 나누었다. 나를 다시 일으켜 세운 책Book, 사람People, 꿈Dream, 믿음Believe의 이야기가 여러분의 삶도 다시 일으켜 세워 주리라 확신한다. 이 책에 쓴 내용들은 모두 나의 삶을 다시 일으켜 세운 이야기들이다. 독자 여러분도 어떠한 환경과 여건에 있건 삶은 계속되어야 하고, 여러분은 일어나 가야 하기 때문이다.

기차는 언제나 푸른 들판만 달리는 게 아니라, 어두운 터널 속을 달릴 때도 있다. 그렇다고 해서 기차가 어두운 터널 속만을 영원히 달리는 것이 아니다. 기차가 터널 속을 달릴 때 우리는 반드시 기차가 푸른 들판으로 다시 달려온다는 것을 믿고 있다. 그 믿음은 터널 속이라는 어둠을 받아들이고 참고 기다릴 줄 알기 때문에 가능한 것이다.

나는 이제 고통의 시간들을 돌아보면서 그런 믿음을 갖고자 한다. 고통은 푸른 들판을 달리기 위해 통과해야 할 어두운 터널 속이며, 그 터널 속은 언젠가 벗어날 수 있는 것이라는 믿음을 지니고자 한다. 그리고 그 고통을 받을 때 오히려 감사하고자 한다. 어쩌면 그것은 내가 이 세상에 살아 있다는 증거이기도 하다. 이 책과 함께 광야수업을 마감하고 새로운 미래로의 희망 여행을 시작하기를 소망한다.

무지개는 하늘이 세상에 눈물을 흘리고 난 후에야 다가오는 아름다움일 것이다. 봄의 따스함은 혹독한 추위를 견뎌온 사람이 느낄 수 있는 축복일 것이다. 세상이 우리에게 값진 것을 주려고 마음먹었을 때는 시련과 기다림을 먼저 준다는 삶의 값진 선물을 받았다.

이제, 『일어나다』와 함께 힘차게 일어나고자 한다. 책으로 일어난 이야기를 썼다. 책의 이야기가 필요하다면 어디든 달려가려고 한다. 전국의 도서관, 학교, 글쓰기 강좌가 있는 곳 등 어디든 책과 함께하는 이야기를 나눌 수 있는 곳이면 어디든 달려가려고 한다. 나를 일으켰던 사람들의 이야기, 다시 꿈꾸는 꿈의 이야기, 그리고 믿음의 이야기를 독자 여러분과 함께 나누고자 한다.

『나를 발견한 하룻밤 인생수업』에서 저자 로빈 샤르마는 당신만의 꿈의 책을 만들라고 말한다. "꿈의 책을 욕망하는 것들의 사진으로 도배하는 것도 굉장히 효과가 있더군. 자네가 갖고 싶은 능력과 재능, 자질을 개발한 사람들의 사진도 붙이는 거야, 그리고 매일 단 몇 분이라도 그 노트를 들여다보는 거야. 그 노트를 친구로 삼게 깜짝 놀랄 결과를 얻게 될 테니까"라고 말한다.

『일어나다』는 지난 7년간 내가 인생의 고난 가운데 겪었던 광야수업에서 채집한 보석들을 모은 책이다. 내 인생의 한 단계를 매듭지으면서 이 책에 내 아픔, 눈물, 좌절, 희망, 다짐들을 기록하였다. 희망하기는 이 책 『일어나다』가 여러분에게도 꿈을 이루어주는 책이 되기를 바란다. 날마다 펴보는 나침반이 되기를 바란다. 사람을 만나고, 사람에게 배우며, 사람에게 희망을 발견하고, 여러분이 희망의 사람이 되는 그러한 꿈의 보물지도My Dreaming Building가 되기를 바란다.

『일어나다』의 가치를 인정해 주신 "행복에너지" 권선복 대표님께 진심으로 감사를 드립니다. 좋은 책을 만드는 데 열정을 다하는 "행복에너지"에서 책을 출간할 수 있어서 감사합니다. 출간을 결정해 주신 권선복 대표님과 편집 김정웅 님, 교정 권보송 님, 디자인 이세영 님, 전자책 신미경 님과 모든 직원 여러분께 감사를 드립니다. 행복에너지의 수고만큼 이 책 『일어나다』가 이 땅의 수많은 사람들을 일으키는 이 시대의 진정한 베스트셀러가 되기를 소망합니다.

내가 바닥에서 다시 일어날 수 있었다면,
여러분도 어떤 환경에서도 일어날 수 있다!

2015년 가을에

박 성 배

참고문헌

- 김주환, 〈회복탄력성〉, 위즈덤하우스
- 정진홍, 〈완벽에의 충동〉, 21세기북스
- 정진홍, 〈사람공부 1 〉, 21세기북스
- 정진홍, 〈사람공부 2 〉, 21세기북스
- 강상구, 〈1년만 미쳐라〉, 좋은책만들기
- 조셉M.마셜, 〈그래도 계속가라〉, 조화로운삶
- 리차드포스터, 권달천.황을호 옮김, 〈영적 훈련과 성장〉, 생명의말씀사
- 이채윤, 〈위대한 결단〉, 가림
- 이채윤, 〈세상을 바꾼 위대한 용기와 결단〉, 자유로운상상
- 정영진, 〈광야수업〉, 리더북스
- 량치차오, 신채호 번역, 〈이태리 건국 삼걸전〉, 지식의 풍경
- 정영진, 〈사람이 모이는 리더 사람이 떠나는 리더〉, 리더북스
- 전원경, 〈역사가 된 남자〉, 21세기북스
- 양광모, 〈상처는 나의 힘〉, 무한
- 양광모, 〈위대한 만남〉, 무한
- 랄프 왈도 에머슨, 강형심 옮김, 〈세상의 중심에 너 홀로서라〉, 씽크뱅크
- 이종선, 〈멀리가려면 함께 가라〉, 갤리온
- 이종선, 〈따뜻한 카리스마〉, 겔리온
- 글 공병호 카툰 오금택 〈공병호의 초콜릿〉, 21세기북스
- 공병호, 〈나는 탁월함에 미쳤다〉, 21세기북스
- 공병호, 〈공병호의 인생강독〉, 21세기북스
- 공병호, 〈공병호의 창조경영〉, 21세기북스
- 공병호, 〈공병호의 자기경영 노트〉, 21세기북스
- 엔드류카네기, 박상은 옮김, 공병호해제 〈성공한 CEO에서 위대한 인간으로〉, 21세기북스
- J.오스왈드 센더스 〈하나님의 학교를 졸업한 사람들〉, 나침반
- 조연심, 〈나는 브랜드다〉, 미다스북스
- 조연심, 〈여자, 아름다움을 넘어 세상의 중심에 서라〉, 행간
- 방미영.조연심 공저, 〈나의 경쟁력〉, 행간
- 전혜림, 〈내 생애 최고의 1년〉, NAIN MEDIA
- 박사무엘 외 10인 공저, 〈한걸음더〉, 북셀프
- 박사무엘 외 8인 공저, 〈나는 매일 희망을 보면서 행복하다〉, 북셀프
- 빌하이벨스, 〈주의 음성〉, 국제제자훈련원
- 박진, 〈나는 꿈을 노래한다〉, 스타북스
- 조주희, 〈아름답게 욕망하라〉, 중앙BOOKS
- 조정민, 〈사람이 선물이다〉, 두란노
- 마크로버트풀릴, 김수진 옮김,〈역사를 바꾼 50인의 위대한 리더십〉,말글빛냄
- 에드윈 키스터 주니어, 채인택 옮김 〈그들이 세상을 바꾸기전〉, 황소자리
- 석호인, 〈신앙의 위인상〉, 보이스사
- 김상복 편집 〈지도자에게서 배우라〉, 엠마오
- 이대희, 〈11만 번의 실패, 그럼에도 불구하고...〉, 서로사랑
- 안의정, 〈대불황과 대실패에도 굴하지 않았던 사람들〉, 머니플러스
- 글 박래부, 그림 박신우,안희원 〈작가의 방〉, 서해문집
- 강준민, 〈영적거장의 리더십〉, 두란노
- 김홍신, 〈인생사용설명서〉, 해냄
- 데이비드알프, 클라우디아알프, 정태기, 신세민 옮김 〈부부 사랑만들기 열 번의 데이트〉, 상담과 치유

- 안젤리스 에리엔, 김승환 옮김 〈아름답게 나이 든다는 것〉, 눈과 마음
- 이한, 〈나는 조선이다〉, 청아출판사
- 최영균 외, 〈세계가 놀란 히딩크의 힘〉, 중앙 M&B
- 임윤택, 〈풀러〉, 아이러브처치
- 로린울프, 최종옥 옮김 〈위대한 리더십의 최강자들〉, 영진닷컴
- 피터드러커, 이재규 옮김 〈프로페셔널의 조건〉, 청림출판
- 사이몬시백 몬티프아레, 이창신 옮김 〈세상을 바꾼 25인의 연설〉, 두앤비컨탠츠
- 이지성, 〈꿈꾸는 다락방〉, 국일미디어
- 이지성, 〈리딩으로 리드하라〉, 문학동네
- 이정숙, 〈따뜻한 말의 힘〉, 비전리더십
- 다케우치 가즈마사, 이수경 옮김, 〈스티브잡스의 신의 교섭력〉, 에이지21
- 셸림, 조원숙 옮김, 〈오바마처럼 말하라〉, GCO
- 마크 애터베리, 김대희, 송희수 옮김, 〈광야를 정복한 영적거인〉, 이레서원
- 고도원 글, 황종환 그림, 〈당신이 희망이다〉, 오픈하우스
- 아셀골드스미스, 고희정 옮김, 〈내 인생을 바꾼 특별한 순간〉, 북플래너
- 강창균, 공병호 지음, 〈버킷리스트〉, 한국경제신문
- 구본형 지음, 〈낯선 곳에서의 아침〉, 을유문화사
- 구본형 지음, 〈눈부신 하루를 위하여〉, 휴머니스트
- 크리스토터토에부, 박영수 옮김, 〈위기를 극복한 리더들의 생각을 읽는다〉, 엘문
- 다니엘 이치비아, 위인복, 정유진 옮김, 〈스티브 잡스의 네 번의 삶〉, 에어콘
- 데일카네기, 이인석 옮김, 〈나의 멘토 링컨〉, 리베르
- 박현모, 〈세종처럼〉, 미다스북스
- 박희준, 김용호, 황현택 지음, 〈독서경영〉, 위즈덤하우스
- 전도근, 〈다산에게 인생을 배우다〉, BOOKSTAR
- 차동엽, 〈무지개원리〉, 국일미디어
- 안두익, 〈희망을 노래합시다〉, 생명의말씀사
- 백지연, 〈자기 설득 파워〉, 랜덤하우스중앙
- 릭워렌, 〈하나님의 인생레슨〉, 디모데
- E. M. 바운즈, 최은하 역 〈기도의 능력〉, 평단
- 전택부, 〈양화진 선교사 열전〉, 홍성사
- 한경희, 〈너무 늦은 시작이란 없다〉, 동아일보사
- 고도원, 〈고도원의 아침편지〉, 청아출판사
- 김진홍, 〈21C 한국형 리더십〉, 가이드포스트
- 이화숙 외, 〈고난은 내게 축복 이었다〉, korea.com
- 조나단. M. 타쉬, 김원호 역 〈우리의 힘〉, 생각의 나무
- 윌리엄 바클레이, 정용섭 역, 〈예수의 사상과 생애〉, 대한기독교출판사
- 허드슨 테일러, 김지찬 역 〈거침없는 믿음의 사람 허드슨 테일러〉, 생명의말씀사
- 송삼용, 〈기도로 하늘 문을 연 사람 조지물러〉, 넥서스CROSS
- 함석헌, 〈뜻으로 본 한국역사〉, 제일출판사
- 김진홍, 〈성서한국 통일한국 선교한국〉, 두레시대
- C.S.루이스, 이종태 역 〈고통의 문제〉, 홍성사
- 이승하, 〈목회신학 이야기〉, 카이로스
- 리처드 J. 라이더, 데이비드.A.샤피르, 김정홍 역 〈인생의 절반쯤 왔을 때 깨닫게 되는 것들〉, 위즈덤하우스
- 김종대, 〈이순신, 신은 이미 준비를 마치었나이다〉, 시루
- 월터 아이작슨, 안진환 역 〈 스티브 잡스, Steve Jobs〉, 민음사
- 하워드 테일러부부, 오진관 역 〈허드슨 테일러

의 생애〉, 생명의말씀사
- 이지성, 〈스물일곱 이건희처럼〉, 다산라이프
- 전광, 〈백악관을 기도실로 만든 대통령 일컨〉,
  생명의말씀사
- 모리야 히로시, 양억관 역 〈남자의 후반생〉,
  푸른숲
- J.O.샌더스, 이동원 역 〈영적 지도력〉, 요단출
  판사
- 피트윌슨, 정성묵 역 〈다시 일어서는 힘 플랜
  B〉, 두란노
- 최정화, 〈엔젤아우라, Angel Aura〉, 중앙Books
- 최성봉, 〈무조건 살아, 단 한 번의 삶이니까〉,
  문학동네
- 김수영, 〈멈추지마, 다시 꿈부터 써봐〉, 웅진지
  식하우스
- 찰스 스텐리, 김미영 역 〈하나님의 연금술〉, 넥
  서스CROSS
- 이대희, 〈성경의 힘으로 꿈을 이룬 대통령 링
  컨〉, 크리스천리더
- 마크 애터버리, 김대희, 송희수 역 〈광야를 정
  복한 영적 거인〉,이레서원
- 김유미(글), 정수연(그림) 〈조앤 롤링〉, 살림
- 신성종, 〈고난의 의미를 찾아서〉, 크리스챤서적
- R.이안 시모어, 강헌구 역 〈멘토, 성공으로 이
  끄는 자〉, 씨앗을 뿌리는 사람
- 김진홍, 〈청년, 조국, 예수〉, 두레시대
- 찰스 스윈돌, 〈다윗〉, 생명의말씀사
- 찰스 스윈돌, 〈바울〉, 생명의말씀사
- 김진홍, 〈고난 뒤에 오는 축복〉, 두레
- 박현모, 〈세종처럼,소통과 헌신의 리더십〉, 미
  다스북스
- 데일카네기, 이인석 옮김 〈데일카네기 나의 멘
  토 링컨〉, 리베크
- 서상우, 〈압둘라와의 일주일〉, 행복에너지
- 이인권, 〈문화예술 리더를 꿈꿔라〉, 행복에너지

고난을 신의 선물로 만들어 주는 책, 사람, 꿈, 믿음의 힘!

권선복

도서출판 행복에너지 대표이사
대통령직속 지역발전위원회
문화복지 전문위원

한 다큐멘터리 프로그램에서 연어의 일생에 보며 '참, 사람의 인생과 다를 바 없구나.'라고 느꼈습니다. 푸른 대양에서 한창의 시기를 보내고 갖은 고초를 겪으며 다시 고향으로 돌아와 짝짓기를 마친 후 죽음을 맞이하는 모습은 장엄하기까지 했습니다. 한데 죽음을 눈앞에 둔 연어들의 표정은 편안하다 못해 행복해 보였습니다. '우리네 삶도 결국은 꿈을 이루기 위한 역경의 여정이구나.'라는 생각에 마음 한구석이 애잔해짐을 느꼈습니다. 동시에 '다시 한 번 앞으로 내달려 보자!'라는 열정 또한 샘솟았습니다.

책 『일어나다』는 고난으로 가득한 삶을 어떻게 행복의 기운이 샘솟는 삶으로 바꿀 수 있는지에 대해 이야기하고 있습니다. 책, 사람,

꿈, 믿음의 힘을 통해 고난이 신의 선물로 바뀌는 기적을 몸소 체험한 저자가 다양한 사례와 정감 어린 필치를 통해 전합니다. 현재 저자는 인천공항신도시에 위치한 한우리미션벨리Hanwoori Mission Valley대표로 재직 중이며 한국인선교사와 여러 나라의 사람들과 네트워킹하고 지구촌 한가족으로서의 삶을 살아가고 있습니다. 삶이 주는 고통에 신음하는 많은 이들이 자신만의 꿈을 꼭 성취하기를 바라며 이 책을 썼다고 합니다. 자기계발서가 가진 성공 노하우, 신앙서가 주는 믿음과 용기가 잘 어우러진 이 책이 세상에 행복한 에너지를 팡팡팡 전파할 것을 믿어 의심치 않습니다.

시련이 있어 인생은 더 살아볼 만한 가치가 있습니다. 피땀 흘리는 노력 끝에 얻은 결실은 그 무엇과 비교할 수 없을 만큼 값진 것입니다. 하지만 그 힘겨운 여정을 견뎌내기 위해 반드시 필요한 준비물이 있습니다. 책, 사람, 꿈, 믿음! 힘들고 지칠 때마다 곁에서 부축하고 끌어주는 이 동반자들이 얼마나 위대한지를, 수많은 이들이 『일어나다』를 통해 깨닫기를 바라오며, 이 책을 읽는 모든 독자 분들의 삶에 행복과 긍정의 에너지가 팡팡팡 샘솟으시기를 기원드립니다.

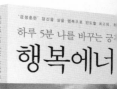